LA
T0078231

LATINO SOY

POEMARIO DE UN INMIGRANTE LATINO

LUIS ENRIQUE PRECIADO LLERENA

Para realizar pedidos de este libro, contacte con:
Palibrio LLC
1663 Liberty Drive, Suite 200
Bloomington, IN 47403
Gratis desde EE. UU. al 877.407.5847
Gratis desde México al 01.800.288.2243
Gratis desde España al 900.866.949
Desde otro país al +1.812.671.9757
Fax: 01.812.355.1576
ventas@palibrio.com
520230

ÍNDICE

PALABRAS DEL AUTOR...9

DEDICATORIA 11

POEMAS UNIVERSALES

LATINO SOY 14

CAMINANTE DE CAMINOS...15

HOMBRE DE TODOS LOS SIGLOS 16

TORRES GEMELAS 17

GUERRA INDOLENTE...18

TERRORISMO, PAZ Y PERDÓN...19

UN GRITO, UNA PROTESTA, UN LLANTO 20

YO PROTESTO...21

NACIMOS LIBRES SIN FRONTERAS..22

DÉJENME DECIRLES 23

DESCONOZCO...24

MÍSTICA Y VOLUNTAD...25

INSOMNIO 26

SUICIDIO NO 27

INTERROGACIÓN DEL DOLOR 28

ENTRE SÁBANAS Y ALMOHADAS...29

MI RAZA, HERMANO...30

INMIGRANTE DE CAMINOS 31

AMEMOS REVERENTE LA PAZ...32

SUEÑOS DE PAZ...33

LA PAZ..34

COMUNIDAD, PUEBLO, GOBIERNO 36

LA VERDAD LIBERA EL ALMA 37

POEMAS ESPIRITUALES

UNA CRUZ DE AMOR..40

ORACIÓN...41

ÉL,...ES DIOS 42

DIOS ES AMOR 43

SOLO DIOS SABE 44

YO ESTOY CONTIGO 45

CREO EN DIOS 46

SOLO NO ESTOY 47

DIOS ES MI PASTOR 48

SOPLO DE AMOR DIVINO 49

¡CON FE YO CREO! 50

A DIOS LE PEDÍ...51

HOY HABLÉ EN SILENCIO CON DIOS 52

EL SEÑOR Y YO 53

UN ÁNGEL 54

EL NÚMERO SIETE 55

SOY PECADOR SEÑOR 56

YO DESNUDO MI ALMA...57

SEÑOR, ¿A DÓNDE ME LLEVAS?................................58

PADRE MÍO...59

TÚ ERES MI ESPERANZA MI DIOS...............................60

YO APRENDÍ A VOLAR 61

VIAJAR LIGERO 62

MEDICINA DEL ALMA...63

TU VOZ ME CALMA..64

TÚ ERES 65

FE Y CONVERSIÓN 66

DIOS TE SALVE MARÍA..67

POEMAS DE AMOR FRATERNO Y DE PASION

MUJER – MADRE 70

LÁGRIMAS DE SANGRE...71

DOLOR DE MADRE, DOLOR DE ABUELA 72

LAS MANOS DE MI PADRE 73

UN BUEN PADRE 74

MI PRIMER BESO..75

EL A.B.C DE TU AMOR..76

AMARTE SIN MEDIDA..77

CRECE MI AMOR 78

SIETE DE MAYO 79

SOY EL HOMBRE QUE TE AMA 80

BALADA DE AMOR...81

TE HE DICHO TANTAS COSAS 82

SIN PALABRAS...83

COMPRENDERTE..84

AÚN EXISTEN PERLAS 85

TUS OJOS..86

MIS CADENAS 87

RINCÓN SOMBRÍO 88

LÁGRIMAS...89

MI MUSA 90

BÚSCAME..91

INSPIRACIÓN 92

LA ILUSION SE SIENTE 93

BELLA ES LA VIDA 94

LA GRACIA...95

MENTIRA LEVE 96

QUIERO VIVIR..97

CATORCE DE FEBRERO...98

TENGO TU RECUERDO 99

NACIÓ VARÓN...100

TE REGALO MIS VERSOS..101

MI CORAZÓN RECIBE TUS VERSOS 102

LOS DÍAS PASAN 103

MI AMOR ES TUYO 104

HOLA PEQUEÑO 105

NAYARI...106

NIETA, MÍA...107

LESLIE Y SUS VOCES 108

GÉNESIS..109

VALENTINA, VALENTINA 110

TU AMISTAD CONMIGO...111

ERES MI LUCERO...112

TÚ ERES, YO SOY 113

AMIGO...114

NOCHE DE LUNA..115

RENOVACIÓN DE VOTOS 116

NIÑA INOCENTE...117

UN AÑO MÁS 118

EXISTENCIA 119

NO TE VAYAS 121

TU AMOR 122

¡QUIÉN SI NO YO! 123

ASÍ YO SOY 124

POEMAS APASIONADOS, SU PASEO ES POR CAMINOS DE DELICIAS, SABOREANDO LO ALEGRE DE LA VIDA, PERO TAMBIÉN DE ESPINAS EN CORAZONES HERIDOS

MOMENTOS MÁGICOS 126

LABIOS DE MUJER 127

LIBERTAD DE AMAR 128

TE AMO 129

¡CÓMO QUISIERA! 130

RECORDARÁS 131

MUERE LA TARDE 132

SOLO HÁBLAME 133

ONCE, ONCE... 134

ME DUELE LA VIDA....................................... 135

¡QUÉ QUEBRANTO!...................................... 136

CONTIGO, MANO A MANO 137

VOY REMANDO... 138

PARA AMARTE SOLO CIERRO LOS OJOS ... 139

MIS OJOS TE OBSERVAN 140

SOLO DEJA QUE TE AME............................. 141

POEMA TERMINADO 142

SOLO MIS VERSOS…TE DEJO 143

EL ADIOS NEGRO VIENTO........................... 144

SED DE AMAR 145

FLUYE TU AMOR... 146

EL TIEMPO Y YO 147

REIR, REIR 148

QUISE LLEGAR A TI 149

SER POETA ES MI DESTINO........................ 150

BIBLIOGRAFÍA.. 151

PALABRAS DEL AUTOR

Latino soy- Poemario de un Inmigrante Latino-significa el alumbramiento de muchos sentimientos reprimidos, congelados en el tiempo y que surgen de un escape de mi inspiración.Esta inspiración se refleja a partir del poema Latino soy,..."cholo, mulato, mestizo"/latino soy/... de su historia de explotación de muchos años y que se dieron y se dan en muchos países de Centro y Sur América, igualmente salen a la luz muchos sentimientos; la tristeza, el dolor, la ausencia por la lejanía de los seres que más quiero, mi familia, y la añoranza de mi país de origen, -Ecuador-, sin embargo mi yo se retroalimenta en la fe y la esperanza por un pronto regreso.

Poema Torres gemelas, de hondo significado para los Americanos y Latinoamericanos que residimos en este país de oportunidades, ¡Sí!... / «gemelas crecieron y unidas se fueron» /...aquí se conjugaron el dolor, el terror y el rechazo a todo lo que significa esta forma de convivencia..."el terrorismo". Amenaza que lacera; y la misma que rechazo desde lo más íntimo de mi alma.

Una Cruz de Amor me invita a pasear en el mapa espiritual del sacrificio del amor, del perdón, de la redención, de la palabra de Jesús que es Verdad y de su Camino que es rumbo a seguir de Vida, y así cada unos de estos poemas tienen un fondo, su nacimiento surge de mi yo interior, inexplicable a veces, pero dentro de mi razonamiento solo cabe una explicación..."el Dios de todos nosotros es un Dios de amor, de misericordia, de perdón"; y es a Él a quien glorifico, en su nombre se escribieron los poemas: Oración, Yo estoy contigo, Solo Dios sabe, Una Cruz de amor, Presencia de Dios, Tú eres mi esperanza mi Dios, etc.

Un sentimiento de nostalgia es un grito que despierta los recuerdos y que aprisiona los sentidos y que en un escape afloraron los poemas como: Lágrimas de sangre, Las manos de mi padre, Amarte sin medida, Contigo aprendí, Querida Señora, Valentina Valentina, Tengo tu recuerdo, Fluye tu amor, Mi corazón recibe tus versos, Crece mi amor y otros más.

Este poemario es desborde de mi alma, traducidos en pequeños versos, inspirados y motivados por la soledad, la distancia, los recuerdos y mi vivencia actual, pero más que nada tengo que agradecerle a Dios por este don y por el cambio espiritual en el cual me regocijo.

"Solo sé que escribo porque Dios está conmigo"

DEDICATORIA

Dedico este poemario del más puro sentimiento a la familia que formé: mi esposa Rosita, mi hijo Darwing, mis hijas: Elsa, Miriam y karlita; quienes tuvieron el amor, la paciencia y el apoyo actual en esto de escribir versos que son mi pasión, no puedo dejar de mencionar a mis nietos: Sebastián, Alexis, Nayari, Ángela, Leslie, Génesis y Valentina; ellos son mi orgullo y mi fuerza, para ellos mi pequeña herencia.

También quiero dedicar estos versos a mis padres Alberto Preciado (+) y Georgina Llerena (+) que fueron los primeros pilares de mi vida, y de los cuales siempre recibí apoyo y motivación a través de sus enseñanzas y su desprendido amor; y que sin duda alguna me sirvieron para ser el hombre que soy. A mis hermanos con mucho amor, igualmente a mis hijos políticos Christian Rivera y NItza Rodríguez

No puedo dejar de mencionar a familiares y amigos silenciosos, a mi incondicional amigo Salvador Cruzado por el interés que ha tenido en leer mis poemas; y por sus palabras motivadoras para que siga escri biendo. A CEUS (Comité en Unión para Salvadoreños) por la acogida que tuvieron en nombrarme en el año 2008 Miembro de la Directiva de la Trenza Cultural en su programa de difusión de arte y cultura, para todos ellos mi agradecimiento de corazón.

Con mi amor
Luis E. Preciado Llerena.

POEMAS UNIVERSALES

LATINO SOY

Del sur, del centro
latino soy
mulato, cholo, mestizo
latino soy.

Guerras, corrupción y explotación
laceraron mi cuerpo y mi conciencia
así como el sur de mi pasado
oscureció la luz de mis sueños.

Sueño y realidad
estudio y responsabilidad
agrandaron la pureza
y fortaleza de mi espíritu.

Más hoy, año 2000
serás como un resplandor
que despierta mi fe y mi esperanza
y en tu optimismo se reflejará
la ternura de mi alma
así,
latino soy.

Mención de Honor, año 2000. Famous Poets Society- USA.

CAMINANTE DE CAMINOS

Caminante de caminos
por tus pisadas reconozco
la silueta de tu imagen
y el arcoíris de tus años.

Caminante de caminos
por el origen de tu raza
reconozco el sufrimiento
de una cruz a cuesta.

Caminante de caminos
por tus lágrimas enjugadas
reconozco el llanto
de un niño afligido.

Caminante de caminos
el beso de un amor
bastará para borrar
la oscuridad de un ayer
y encender la luz
de tus pensamientos.

HOMBRE DE TODOS LOS SIGLOS

De ayer, de hoy, de siempre
encarnado en sangre y hueso
hombre de todos los siglos
yo soy.

Raza, credo, lenguas
libertad, esclavitud, opresión
escribieron en el diario de la historia
las huellas imborrables,…de dolor.

Cordura, política, diplomacia
voltearon las páginas de la injusticia
y conjugando por la paz
su firma se calcó de nombres.

Y así,
un pensamiento cierto y reflexivo
dibujaron pinceladas de luces
de bondad, de fe y de esperanza.

Encarnado en sangre y hueso
hombre de todos los siglos
yo soy.

TORRES GEMELAS

Gemelas crecieron y unidas se fueron
en polvo...desvanecidas por el viento,
en su corazón sin distinción albergaron
al hombre, a las razas,...por mucho tiempo.

Su presencia fue un símbolo y fue imagen
de fortaleza del pueblo americano
por sus pasillos, oficinas y ascensores
transitaron también... latinoamericanos.

A distancia de día y por las noches
¡Majestuosas! impresionaban con su porte
su silencio inocente y sin derroche
invitaban al descanso y sin importe.

Su destrucción fue estrepitosa y con dolor
por la envidia y la maldad del terrorismo
gritos angustiosos y muertes con valor
millones en el mundo...así las vimos.

Soledad y pesares se vistieron de horror
por los cuerpos calcinados y desaparecidos
el terrorismo indolente, nos llenó de pavor
sin dar su cara es...un desconocido.

La solidaridad humana se hizo presente
y al lugar se le llamó...zona cero
muchos ángeles apoyan...altruistamente,
las gemelas crecieron y unidas se fueron.

GUERRA INDOLENTE

Una guerra indolente, languidece mi alma
y el estómago en espera,…de un niño
su protesta de hambre despierta su rabia
su rostro palidece en todos los caminos.

Una guerra indolente lacera mi cuerpo
no tiene sentimientos, su rostro es invisible
es sicológica y no conoce el tiempo
apunta a los nervios y se cree invisible.

Desata pasiones de coraje y venganza
el odio se enciende e interrumpe mi calma
su rostro es cualquiera y su mal nos alcanza
no tiene fronteras, la cizaña…es su arma.

Ríos de sangre nos pinta…es horrendo
como olas de mares nos cubre y asfixia
inocentes mueren, su mal es tremendo
la risa se apaga, la vida…se expira.

La guerra indolente…en silencio despierta
el brazo de la pobreza no tiene poniente,
la voz se me aclara, y mi canto te invita
a rezar por la paz y por la guerra indolente.

TERRORISMO, PAZ Y PERDÓN

Un mal inmundo aterra y desespera
por todos los confines del mundo
es un mal de muerte y en su espera
su nombre es de plaga,…es el terrorismo.

Un mal inmundo de bombas explotadas
flagela y revienta por los cuatro vientos,
sorprende y en su intriga, como si nada
se pierde, es invisible y corroe su aliento.

Un mal inmundo de mentes suicidas
con sus garras hirientes, nos visita y arrebata
su mal es horrendo y sin importarle la vida
se escuda en su sombra, antes de que se lo combata.

Una coalición de países hermanos
con civismo del pasado y de su gloria
flamean la antorcha de la paz y en sus manos,
deciden desterrar este mal, de su historia.

La humanidad entera reza con unción
levantando sus ojos dolientes hacia Dios
su oración es de paz y con espíritu redentor
recuerdan la Cruz del Calvario, su amor y su perdón.

UN GRITO, UNA PROTESTA, UN LLANTO

Un grito, una protesta, un llanto
se asocian en una gran multitud
con desmanes el día perdió, su encanto
transformando en algarabía su quietud.

Al grito siguió otro grito
la protesta se encendió con su mecha
el llanto se perdió en lo infinito
rompiendo barreras estrechas.

El gobierno invita a concertación
el pueblo clama derogatoria
a pasos largos subió la inflación
la pobreza agoniza…sin pena, ni gloria.

A distancia me entero y descanso
la noche se viste de luto y de frío
en mis sueños…yo tengo un remanso
de paz, de amor…yo a veces, sonrío.

Un grito, una protesta, un llanto
estremece en la ciudad, de su silencio
los políticos se escudan en un manto
su disfraz, no los delatan…yo lo siento.

YO PROTESTO

Yo tengo una espina
que hiere mis sentidos
e interrumpe mi calma
por eso -yo protesto-.

Escuchar a los líderes
con sus promesas incumplidas
el poder los endurece
por eso -yo protesto-.

La historia nos enseña
que la guerra y la explotación
rompieron el Primer Mandamiento
por eso -yo protesto-.

Países ricos y pobres
marcaron la diferencia
entre la abundancia y la indiferencia
por eso -yo protesto-.

Inmigrantes indocumentados
su subsistencia de vida
los hacen abusados y explotados
por eso -yo protesto-.

NACIMOS LIBRES SIN FRONTERAS

Miles de sueños galopan en mi mente
y a los cuatro vientos le dicen, nacimos libres,
por el Norte, el amor me llega y se siente
y por el Sur, una mueca se ciñe.

Por el Este, un mar mítico desolado
conjuga sus olas de paz y amistad
y en las noches un lucero solitario
alumbra al Pacífico en solidaridad.

Nacimos libres sin fronteras, y el viento
sopla su altruismo y deja huellas de protesta,
nacimos libres en la Tierra, y el tiempo
alimenta el plan de Dios en su estela.

El muro de Berlín quedó en la historia
y aún así la lección,... nos espera,
como amigos tejamos destellos de Gloria
para vivir libres y en paz, sin fronteras.

Sin fronteras y que se rompan las cadenas
del racismo y de la conveniencia
como hermanos juntémonos a manos llenas,
ritual onírico,...tu amor es sin fronteras.

Mención de Honor-Certificado de Excelencia, año 2010.
Famous Poets Society- USA.

DÉJENME DECIRLES

Déjenme decirles,...que los quiero
que un mundo nuevo se despierta en la aurora,
sin bombas, sin fusiles, sin violencia
el terrorismo, la corrupción sepultados
es pasado, es espejismo, es historia.

Déjenme decirles,...que los amo
con un amor místico, sin moldes, solidario,
sin protestas, sin inmigrantes, sin fronteras
los políticos reflexionaron y aunaron lazos
y un arcoíris de amor nos cubre,...aunque llueva.

Déjenme decirles,...que los sueños
maniataron el dolor, el hambre, la enfermedad,
el altruismo, la filantropía firmaron un pacto,
las gaviotas cantaron, las palomas bailaron en su
vuelo
y un Ángel bajó del cielo, acallando sin más la
maldad.

Déjenme decirles,...más bien, déjenme recordarles
que Dios vive, en la inocencia de un niño,
en la mirada de una madre a su retoño,
en la comprensión sin protesta de un padre
en los consejos de vida de los abuelos.

Déjenme decirles,...que Dios existe
en la creación, en la vida, en la muerte
su sacrificio en la cruz y resurrección de vida
es perdón, es redención que alimenta el espíritu
su amor es de paz,..."El es, el camino, la verdad y la vida".

DESCONOZCO

Desconozco el futuro y vivo el presente
desconozco las guerras y aliento la paz
un milagro de vida motiva mi mente
mi amor sosegado es poesía de amar.

Desconozco el hambre y un río solidario
esconde su manto del altruismo
la esperanza no se pierde y a diario
amemos al prójimo como a uno mismo.

Desconozco al terrorismo,…inmundo
no tiene alma es mal que quebranta
la ambición nos aprisiona, y en el mundo
a veces nos flagela invisible, y nos mata.

Desconozco los muros en las fronteras
y es lección por historia,…no se aprende
el pálido gris de las decisiones
es abismo de mar,…y no se comprende.

Desconozco a los seres insensibles
y mi verso es vena abierta,…soy humano
la fe en Dios me hace sentir lo sensible
y así camino en paz,…de su mano.

MÍSTICA Y VOLUNTAD

Una amistad a distancia
despierta mi ser y lo sé
en sus líneas referencian
un ayer acelerado y recordé.

La existencia va de prisa
si es arrastrada por la pasión
su experiencia es una brisa
disfrazada sin razón.

La visión enceguece
la luz de los sueños se apaga,
sanas ilusiones, perecen
degollando lentamente, el mañana.

Que triste es recordar
el sur oscuro del pasado
intentar borrar y olvidar
es barrer las cenizas que quedaron.

La vida es de oportunidad
de revanchas y de sorpresas
vestirse de mística y voluntad
te enriquece con certeza.

INSOMNIO

Hablo sin hablar
duermo sin dormir
una voz de protesta y por siglos
me hacen morir sin morir.

Lloro sin llorar
y una lluvia de lágrimas
fertiliza siembra de fe y de esperanza
un arcoíris de altruismo
se escucha sin escuchar.

Mis pensamientos me atrapan por atrapar
y zurcen estómagos de hambre…solidarios
así amo por amor… y por amor
desecho los malos presagios.

Mi manos se estrechan por estrechar
y me convidan al optimismo
sobre una pared de muro inútil
que no entiende por entender.

Sólo rezo… y por rezar
mi corazón ya no se agita por agitar
un manto de paz divino en mi interior…me dice
Yo soy tu sueño….y es hora de dormir.

SUICIDIO NO

El mal consume su cuerpo
transformando a paso lento su figura
su inventario de vida le avisó
que su cuerpo, no resistiría tanta soltura.

La angustia y el desdén, la aprisionaron
en su pequeña jaula de vida,
y un rictus de amargura la marcó
dejándole huellas en su locura.

El suicidio con sus garras la invitó
y su alma protestó desde su interior
el suicidio arrastra desconsuelo
eliminando de inmediato los anhelos.

Busquemos al Señor como consuelo
el suicidio no es la solución
amemos el altar de nuestro cuerpo
evitando desmanes y comprensión.

Digamos no, al suicidio
actuemos siempre con amor
huyamos pronto del infierno
con la gracia del perdón de Dios.

INTERROGACIÓN DEL DOLOR

Sopla el viento y el Sol nos lastima
la Luna nos mira la Noche se aclara,
mis pasos se ensanchan, un error desanima
camino descalzo, el dolor se declara.

¡Inverosímil!…se presenta y se cala
lo ignoto son estrellas sin respuestas,
las guerras corrompen, el mal es una llaga
que lacera los cuerpos con letras ya muertas.

Me dirijo sin rumbo, el hambre se ensaña
en pedazos se esparce como una plaga,
se incrusta y la tristeza nos baña,
la soledad es un vestido,…que no paga.

Recuerdo al Quijote y Cervantes nos dice,
que solo queda una historia de siglos,
busco respuestas y mi pregunta persiste
¿De dónde sale la maldad con sus hilos?

¿Acaso son hilos de marionetas?
revestidas de hiel como si nada,
el terrorismo es un mar de cometas
que destroza sentimientos,…callada.

Inmigrantes somos, mi mente y mi piel
se diluyen en nubarrones en mis sueños,
mas mi lucha es interna y mi fuerza es fiel,
y pregunta… ¿el dolor, tiene un mismo dueño?

Mención de Honor, año 2005. Asociación Latinoamericana de
Cultura. ALAC-USA.

ENTRE SÁBANAS Y ALMOHADAS

Vuelo por volar y diviso
una muchedumbre con gritos que no se escuchan
son voces de amnistía que abrazan un
rompecabezas.

Vuelo por volar y en mis ojos
lágrimas de fertilización y de siembra brotan
para llenar los estómagos vacíos por el hambre.
mi cuerpo por momentos se me eriza.

Aerolitos de cuerpos destrozados me rodean
como círculos de colores y me atrapan
minas de destrucción se calan en mis pensamientos
y un oro negro de ambición...rompe corazones
una procesión de madres dolientes
bendice un ajedrez de sarcófagos.

En silencio vuelo y planeo
un muro millonario que no aprende
levanta una pared inútil de impotencia.
si el mundo gira así... ¿Dónde está el paraíso?
una voz me responde..."Yo soy el camino la verdad y
la vida"
y así...despierto entre sábanas y almohadas.

MI RAZA, HERMANO

Mi raza, hermano, recuerda al salir
no mires hacia atrás, busca el sendero
no hay caminos sin espinas y al partir
marca tus huellas por buen derrotero.

Naciste sin fronteras, busca tu sueño
y aparta de tu mente la desilusión,
navega con ondas de amor y de ensueño
y alimenta de amor y de fe,... tu corazón.

Mi raza, hermano, guía a tus ojos
hacia tu luz bendita que resplandece,
escudo sé y sepulta los despojos
aferrándote a la vida,...ya no padeces.

Sé fuerte en tu medida y consciente
afina tus oídos, no temas la presión,
los muros son políticas dementes
que desquician,...apóyate en la oración.

Mi raza, hermano, caminante avanza
por las verdes murallas de la indolencia,
con tierno coloquio, cimenta tus ansias
que el hondo silencio de Dios,...es su presencia.

INMIGRANTE DE CAMINOS

Ciudadano del mundo
inmigrante de caminos, soy.

Dispuesto al sacrificio
llegué a tierras lejanas
y un manto de optimismo
cubrió mi vida y mi signo.

Mi nombre es Esperanza
mi apellido es la Fe
y todo el mundo me conoce
inmigrante de caminos, soy.

Humilde y soñador
se perdonar con amor
por el calvario de mi raza me conocen
inmigrante de caminos, soy.

No distingo raza, ni religión
y mi origen tiene su historia
en 2000 años de creación
por eso con razón yo digo
inmigrante de caminos, soy.

AMEMOS REVERENTE LA PAZ

Amemos reverente la paz en el mundo
como las palomas alzando el vuelo
sin violencia, sin terrorismo…inmundo
la vida sería sin gran revuelo.

Amémosla como el primer grito de vida
con el amor profeso de un padre a su hijo
la existencia es música compartida
y es el verso que sepulta la maldad…bendito.

Amemos la paz y el origen de la creación
su fortaleza está, en el número siete
el Señor en el séptimo día descansó
su enseñanza es de paz…¡No la sientes!

Razones sobran y no hay impunidad
ante los desafueros del mal inmundo
practiquemos el amor y con humildad
amemos reverente la paz en el mundo.

SUEÑOS DE PAZ

Anoche tuve un sueño de paz y las torres
se erigieron majestuosas e imponentes
con destellos de luz y con fulgores
como hermanas gemelas,...resplandecientes.

Anoche tuve un sueño de paz y el terrorismo
deponían las armas conscientemente
como hermanos se abrazaban ellos mismos
y su mirada hacia Dios, era reverente.

Anoche tuve un sueño de paz, y el hambre
se desvanecía ante la sonrisa de un niño
su estómago ya no sabe vacío y su sangre
pinta victorias de amor y la paz es su signo.

Anoche tuve un sueño de paz, y los líderes
al unísono proclamaban con amor la paz
el hombre de todos los siglos con sus rezos
unían a las razas de la tierra,...mucho más.

Anoche tuve un sueño de paz, y las guerras
eran solo palabras huecas en la historia
la mugre del mundo impío eran quimeras
cuyas semillas se sepultaron con su escoria.

LA PAZ

En un pacto de sinceridad
odio y amor se conjugan
sus lágrimas se enjugan
- emocionados de paz -.

Un líder proclama
a los cuatro vientos
con su voz de aliento
- abogar por la paz -.

La multitud aplaude
con mucho revuelo
a las palomas en vuelo
- que son símbolo de paz -.

Vestidas de novias
le escriben al tiempo
que es un buen momento
-solidarizarse por la paz-.

El sacerdote en la iglesia
con cuerpo y con mente
invita consciente
-a darse la paz-.

Y con unción divina
en tono reverente
bendice a los presentes
-podéis ir en paz-.

La paz es expresión
de amor y libertad
el respeto a la voluntad soberana
la debemos recordar.

Estar en paz con los demás
y con uno mismo
nos hará mejor y primero,
y más aún con Dios
que es fuente de paz y amor sincero.

COMUNIDAD, PUEBLO, GOBIERNO

Comunidad, pueblo, gobierno
acordaron un noviazgo de paz
la historia nos describe el infierno
que estos años tuvimos que pasar.

La comunidad de gala se viste
consciente en su razón y en su historia,
reflexiona y paciente,…nos dice
de desavenencias, errores y moratorias.

El pueblo de hambre se desespera
su fe y optimismo,…decaen
corregir la inflación es una espera
que lacera e ignora a los que nacen.

Gobierno, políticos corruptos
tu desdén sepulta existencias
en el sarcófago deja los abruptos
y con solidaridad, limpia tu conciencia.

Comunidad, pueblo, gobierno
acordaron un noviazgo de paz
ignorar la maldad con su signo
nos redime del odio,…quizás.

LA VERDAD LIBERA EL ALMA

Miente quien no tiene salud mental
porque tiene muerto el corazón y el alma
sus palabras brotan camufladas, tal cual,
y sin pensar te seducen y te asaltan.

Miente el político en su afán de liderar
locuaz atrae a las masas a su yo interno
miente el populacho al no diferenciar
lo mordaz de las sílabas...es intenso.

Miente la mujer al sonreír por un querer
por capricho u obsesión se apasiona,
convincente te conduce y por poder
no se da cuenta del mal que ocasiona.

Miente el niño sin saber y lo sientes
su mirada es cristalina y de pureza,
ríe, llora, juega, pícaro e inconsciente
te conduce por mares de inocencia.

Miente el hombre por macho y por seducir
mas en su corazón brota en su yo, el rubor,
comprenderlo es difícil y por permitir
siempre se quema en el fuego con pavor.

Miente en sí el humano y es, pecado
en silencio un abismo se agranda,
redimirse en el perdón,...bien amado
por Dios,...la verdad libera el alma.

POEMAS ESPIRITUALES

"Estas cosas han sido escritas para que creáis que Jesús es el Cristo, el Hijo de Dios y para que, creyendo en Él, podáis tener vida en su nombre. (Jn 20,31).

UNA CRUZ DE AMOR

Una cruz de amor nació hace más de 2000 años
cargada de pecado por los hombres...inmundo
su camino en el calvario de la mano
Jesús la cargo para redimir al mundo.

Una cruz de incomprensión y de infidelidad
arrancó a la sonrisa un llanto
el machismo, la desidia y la maldad
empañaron al amor y a su encanto.

Una cruz de fatalidad y de hambre
arrinconó un estómago vacío
el sacrificio y ternura de una madre
borró desmanes, irresponsable impío.

Una cruz de amor nació hace más de 2000 años
su enseñanza es de paz y es de amor
su luz da vida y resplandor al humano
que descubre a Jesús...Espíritu Redentor.

Lo que es a mí, Dios me libre de gloriarme,
sino es de la Cruz de nuestro Señor Jesucristo,
por el cual el mundo está crucificado para mí y yo
para el mundo, (Gal 6, 14).

Mención de Honor, año 2002. Famous Poets Society- USA.

ORACIÓN

Rezo en las cálidas mañanas
con cariño y devoción
mi espíritu alimenta y sana
la oración es mi sanación.

Rezo con vehemencia en las tardes
y entono vibrante una canción
mi mente se torna en calma
la oración aúne su bendición.

Rezo en las oscuras noches
con recogimiento y con amor
la vida no es placeres ni derroches
la oración invita a reflexión.

Rezo con fe en la iglesia
reverente y con unción
vivamos nuestra existencia
la oración es mi exaltación.

Rezo por los oprimidos
con respeto y compasión
en gracia somos bendecidos
la oración clama redención.

Rezo por la paz del mundo
Cristo es calma y revelación
su perdón es amor divino
la oración es nuestra purificación.

Sea mi oración como incienso en tu presencia
y mis manos levantadas, como ofrenda de la tarde
(Salmo 141,2).

ÉL,... ES DIOS

El viento sopla muy fuerte y me azota
en su paso se viste de frío y en calma
amaina en silencio, me toca y me habla
Yo soy la voz que te llega hasta el alma.

Los rayos del Sol me besan la piel
y una sombra me coquetea en el suelo
Soy tu imagen me dice y Soy el ser
que en tus oraciones hallarás,...mi consuelo.

El llanto de un niño truena y la lluvia
me golpean y llaman mi atención
sus lágrimas se enjugan, sus ojos se enturbian
es un Ángel que nos trae el perdón.

Un mendigo sonríe y extiende su mano
la pobreza entristece, lastima y duele
un bolsillo se aproxima a su lado
de bondad se viste un Ángel y se conduele.

Amanece y un nuevo día se proyecta
la fe y la esperanza me saben a miel
un norte de vida con sus dones me inyecta
la alegría de vivir y se lo debo, a Él.

Él,...es Dios y su misericordia es infinita
su halo de Luz nos cobija con amor
su sacrificio en la cruz, nos invita
A limpiar nuestros pecados, El,...es Dios.

¡Señor mío, Rey de todos nosotros,
Tú eres único! (Ester 14, 4).

DIOS ES AMOR

Dios es amor y en la creación nos bendijo
su divinidad nos mantiene iluminado
nos ama en Cristo Jesús,…su hijo
que en el calvario nos redimió del pecado.

Dios es amor, compasivo, fuerte, fiel
al mundo nos mandó a su hijo unigénito
Él espera conversión y su miel
está en la Gracia del perdón,…por cierto.

Dios es amor, paciente y comprensivo
tierno aún en nuestras debilidades
el misterio de la cruz,…compasivo
nos aleja del pecado y sus maldades.

Dios es amor, y su Espíritu nos llama
a respetar sus Diez Mandamientos
las parábolas de Jesús,…proclaman
vida nueva y nobleza de sentimientos.

Dios es amor y sus pasos a seguir
eternizan lo infinito de su amor,
con fe y en oración hay que pedir
por paz espiritual…Dios es amor.

El amor disculpa todo; todo lo cree,
todo lo espera y todo lo soporta.
El amor nunca pasara.
(1 Cor 13,7-8).

SOLO DIOS SABE

Solo Dios sabe el camino trazado
su luz ilumina huellas divinas
el hombre lo enloda con el pecado
por las tentaciones y las maldades, indignas.

Solo Dios sabe protegernos en las sombras
en la soledad que golpea y lacera
si lo buscas a Él, nada te asombra
su Espíritu es redención, su amor una estela.

Solo Dios sabe amarte y darte su perdón
el arrepentimiento, te llena de gozo
el calvario de su hijo Jesús, en la cruz
nos redimió del pecado,…dichosos.

Solo Dios sabe y en silencio te escucha
solo tienes que orar con fe y pedir
el bien sobre el mal implica tu lucha
así tu alma y tu cuerpo se podrán redimir.

Solo Dios sabe de tus penas y alegrías
su amor es divino, inmenso y nos cabe
sus mandamientos es luz que nos guía
por senderos de amor,…solo Dios sabe.

¿A quien tengo en el cielo?
¡Sólo a ti! Estando contigo
nada quiero en la tierra.
(Salmo 73, 25).

YO ESTOY CONTIGO

Yo estoy contigo,…en mis sueños me dices
e iluminas mi alma con amor divino
en el silencio con misericordia me bendices
yo que soy pecador, en tu perdón me redimo.

Yo estoy contigo,…en la lluvia te escucho
y como un Ángel te vistes en mis lágrimas
mi arrepentimiento llega y yo lucho
fortalecido con tu espíritu y en tu aura.

Yo estoy contigo y son mis pensamientos
los que me acercan a ti en oración
¡y cómo no creer en ti!, si yo siento
la belleza de tu amor en tu pasión.

"Yo estoy contigo, hasta el fin de los tiempos"
y todo el poder en la tierra se me ha dado,
son tus palabras Jesús y con tu aliento
en la fe y en la esperanza me he bautizado.

Yo estoy contigo y en versos me dices
"yo soy el camino, la verdad y la vida",
la resurrección es poder salvador de Dios
y la comunión nos redime de por vida.

Yo estoy contigo y mi pecho al instante
se inflama de paz y de virtud,…yo te lo digo,
es un prodigio y un milagro constante,
que bueno que me hables,…"si yo estoy contigo"

En mi angustia clamé a ti, Señor,
y tú me respondiste. (Jonás 2,2).

CREO EN DIOS

Creo en Dios Padre todo Poderoso,
así empieza con fe el credo y yo creo,
mi alma se enciende de amor y de gozo
y en el misterio de Jesús en la Cruz,...lo veo.

Creo en Jesús, en su Santidad que comparte
y nos aleja de las tentaciones del mal,
en la Eucaristía su cuerpo y su sangre
nos invita a alimentarnos, más y más.

Creo en Dios, en Jesús y en el Espíritu Santo
su legado es pureza de amor y nos convida,
su luz es perdón y su guía un canto
de redención por los pecados de por vida.

Creo en Dios y en los Diez Mandamientos
y hay que amarlo por sobre todas las cosas,
amar al prójimo es un sentimiento
que brota del corazón igual que las rosas.

Creo en Jesús y hay que dar testimonio
de sus milagros de vida y de su amor,
sus enseñanzas nos aparta de los demonios
con su Espíritu Redentor,...Creo en Dios.

SOLO NO ESTOY

Solo no estoy, entre la lluvia y la tormenta
apacible reflexiono en la distancia,
pienso en Dios y nada me atormenta
en su amor me calmo de mis ansias.

Solo no estoy, en mi presencia física
consciente mil pensamientos me llegan,
sueño despierto y un aura mística
aleja la soledad y no se me pega.

Solo no estoy, lo aseguro y es cierto
Dios está conmigo, así yo lo siento
en las noches le rezo y despierto
al amanecer me abraza con su aliento.

Solo no estoy, entre cuentos y versos
mi musa me atrapa y me motiva
coqueta me inspira con sus besos
su voz es un susurro que me aviva.

Solo no estoy y los devaneos del pasado
son historia en el camino y me doy,
el presente yo lo vivo iluminado
con la gracia del Señor, solo no estoy.

Ante el hombre están la vida y la muerte,
lo que prefiera cada cual le será dado
(Eclo.. 15, 17).

DIOS ES MI PASTOR

Dios es mi pastor y su luz es alimento
que sosiega nuestras almas de paz espiritual,
sus enseñanzas de verdad y de virtud
nos transforma con ternura y con bondad.

Dios es mi pastor y su luz nos impulsa
a distinguir la presencia, el bien del mal
su pureza separa lo maligno
su palabra es de amor y de divinidad.

Dios es mi pastor y su luz es consuelo
alumbrando con destellos por todos los confines,
sus parábolas fortalecen corazones
pincelando su belleza del mal inmundo.

Dios es mi pastor y su luz, no distingue
raza, credo, nacionalidad y lengua
para Él, somos sus hijos y con amor nos cuida
con su luz nos protege, cual áurea de estela.

Dios es mi pastor y su luz es voz
a veces su presencia no la vemos
la grandeza de su amor, es de plenitud,
su justicia es benévola,…Dios es mi pastor.

SOPLO DE AMOR DIVINO

Hoy amaneció
y una luz redescubrió unas sombras
en el sarcófago del pasado,
despertando mis pensamientos
en un mar de locuras.

Las huellas de la indolencia en silencio
se levantaron entre polvos y cenizas
y la miseria de los devaneos
lanzó un gemido.

Las alas de la inconsciencia
revolotearon como páginas al viento
y mi alma sosegada
las acalló con ternura a tiempo.

Así,...mi hoy es Luz
y mi mañana son destellos de esperanza,
la paz de mi espíritu que me guía por caminos
se alimenta de un soplo de amor divino.

¡CON FE YO CREO!

Naufrago en este claro silencio
lucho contra los desaires de la vida,
me estremezco y me injuria el viento
por eso vivo, con ansias vivas.

¡Qué importa!, mar sin fondo, solo no estoy
no temo zozobrar, mi alma herida
lucha contra las olas; por eso voy
bregando con fuerza desmedida.

Alguien que yo sé, golpea a mi puerta
y su luz abre surcos nuevos de amor
es arado que labra y visión que revienta.

En la seda de las brumas,...lo veo
su imagen la retrata un sabio pintor
Él, es mi aposento y ¡con fe yo creo!

A DIOS LE PEDÍ

A Dios le pedí que me diera una esposa
que compartiera mi vida hasta el fin,
en estos años el perfume de las rosas
atesoraron el milagro de su amor por mi.

A Dios le pedí y me concedió ese don
y me bendijo por todos los caminos,
siendo pecador su medicina es el perdón
su amor y su misericordia es divino.

A Dios le pedí y con amor me lo dio
sus parábolas son de fe y de esperanza
alabarlo a Él,...en la vida me alcanza.

A Dios le pedí y siempre recibí
sus dádivas en mi alma las inspiró
mi musa es su amor,...a Dios se lo pedí.

Pedid y recibiréis, buscad y encontraréis
llamad y se os abrirá. Porque todo el que
pide recibe, y el que busca encuentra y
al que llama se le abre. (Mt 7, 7-8).

HOY HABLÉ EN SILENCIO CON DIOS

Hoy hablé en silencio con Dios y me dijo
cuando veas el arcoíris…sus colores
aplacarán la lluvia y te bendigo
y con mi manto sano todos tus dolores.

Hoy hablé en silencio con Dios y en las nubes
mi mirada se perdió en el infinito
bajé mis ojos hacia la tierra y me detuve
y en mi sombra vi una señal….bendito.

Hoy hablé en silencio con Dios y me dijo
Yo estoy contigo a través de tus sueños
tus problemas entrégalos, y Conmigo
el amor y la paz es un ensueño.

Hoy hablé en silencio con Dios y la oración
es fuente de fe y de espiritualidad,
pide y se te dará, háblame y se te escuchará
que en tu corazón habito en tu verdad.

La Luz brilla para el hombre bueno;
la alegría es para la gente honrada
(Salmo 97, 11).

EL SEÑOR Y YO

El Señor y yo,... bello caminar de amor
trasciende como dulce manjar de unidad,
presencia de siglos, enseñanza del valor
es su palabra que nos mueve a su Verdad

El Señor y yo,... infinito, Ser Supremo,
Dios de amor, compasivo, libre, apasionado,
misericordioso, eterno y lo llevo
implorando que perdone mis pecados

Insondables son sus Misterios y le pido
el crecimiento de su palabra en mi,
alegría de vida es su Faz que percibo
y sin dudas ! Jesús !,... me encamino hacia ti

El Señor y yo,...confío en El y yo creo,
Hijo primogénito, salvadora es su Cruz,
mi fe me lleva por sus huellas y lo veo,
en la Verdad de su palabra, su amor, su Luz

Luz es su Cuerpo y Sangre de Cristo,
alimento sanador, Cruz, redención,
seguirlo y alabarlo, todo contrito
nos lleva a su puerta,...Dios es oración

UN ÁNGEL

Un ángel de la guarda guía mis pasos
desde mi nacimiento y grito de vida
su amor fraterno no admite ingratos
ni la maldad, ni la crueldad tienen cabida.

Un ángel de la guarda guía mis pasos
su divinidad es amor y es aliento
con mansedumbre posaré mis manos
sobre su imagen a través de los tiempos.

Un ángel de la guarda guía mis pasos
su protección es de día y de noche
con fe y reverencia aunaré mis lazos
por todo el año y sus meses, son doce.

Un ángel de la guarda guía mis pasos
su presencia inflama,...mi espíritu y mi alma
con un soplo despierta mis tropiezos
y con su pureza me limpia y me calma.

Un ángel de la guarda guía mis pasos
me cuida, me sana, yo siento un respaldo
con recogimiento lo invoco a ratos
y su aura divina me pone muy alto.

EL NÚMERO SIETE

El número siete tiene su origen
en la creación del día y de la noche
su unión fraterna…es de dos gemelos
el uno sonríe y el otro se esconde.

El número siete, tiene la virtud
de los siete días de la semana
día a día hay que vivir en plenitud
de lo contrario el destino se ensaña.

El número siete tiene un designio
en los siete pecados capitales
con nuestro proceder hay que ser dignos
y no caer en el abismo y sus males.

El número siete es signo de nobleza
porque así, lo dispuso el creador
su sino, refleja amor y pureza
sabiduría… y espíritu redentor.

El número siete, está por encima
de la oscuridad del número seis
su nacimiento es luz que domina
si suma más tres…los mandamientos son diez.

SOY PECADOR SEÑOR

Hoy despierto y aún somnoliento
la luz que me rodea es incomprendida
sacudo mi cabeza y tomo asiento
y me digo todo tiene su medida.

Pido perdón a la lluvia que golpea
con gracia los campos de la siembra
sus gotas son lágrimas de amor que llevan
su tesoro de humedad a la tierra.

Pido perdón al tiempo que ofrece
resignación y gozo infinito
así mi ser percibe y se estremece
¡incomprendido!, la gloria está conmigo.

Pido perdón al mar y con respeto
navego en sus infinitos sueños
gozo y en mis pensamientos completos
optimista veo la blancura del ensueño.

Pido perdón al cielo inmenso
intensamente busco redención
en mi pequeñez le digo a Dios…lo siento
soy pecador Señor… imploro tu perdón.

Esperan en ti los que conocen
tu Nombre, porque Tú Señor, no abandonas
a los que te buscan. (Salmo 9, 10).

YO DESNUDO MI ALMA

Yo desnudo mi alma Señor, ante ti
para decirte que soy un pecador,
mi ser se inflama de dolor por mi
por mis malos sueños,...me lleno de pavor.

Yo sé que me hablas a hurtadillas
tus palabras son de misterios, secretos,
tus avisos son tiernos y de rodillas
clamo tu misericordia con fe derecho.

¡Qué torpe!,... con mis pasos a veces soy
no alerto mis oídos y caigo sin valor
mas mi alma te reclama y por mi amor
busco en Ti, en el perdón...la redención.

Yo sé que conoces mi alma desnuda
y despiertas el Ángel que llevo dentro,
así la bestia se rinde y sin duda
te amaré por siempre con dulce sueño.

SEÑOR, ¿A DÓNDE ME LLEVAS?

Señor, ¿a dónde me llevas?
¿me pides que me mire hacia dentro?
es tanto mi dolor que a mis ojos llegan
lágrimas, por mi arrepentimiento

Señor, ¿a dónde me llevas?
¿a descubrir mi necesidad del perdón?
con el perdón llega tu misericordia
y en tu divinidad me cubres con amor.

Señor, ¿a dónde me llevas?
¿a mirar mi verdadero corazón?
en la penitencia mi alma se renueva
y me rescata, aclarando mi razón.

Señor, ¿a dónde me llevas?
¿a limpiarme del pecado inmundo?
tu perdón divino me llena
y con poder me redimes,...ante el mundo.

Señor, ¿a dónde me llevas?
¿a buscar el premio del llamado de Dios?
lo sé,...Jesús se sacrificó en el Calvario
y me liberó del pecado por amor.

Y nosotros no hemos recibido el espíritu del mundo,
sino el Espíritu que viene de Dios, y por Él entendemos
lo que Dios, en su bondad, nos concedió.
(1 Cor. 2,12).

PADRE MÍO

Padre mío, en silencio te busco
para decirte lo mucho que te quiero
en mi oración de paz y armonía
te encuentro y tu luz, …es mi derrotero.

Padre mío, medito y al estar contigo
alimentas mi espíritu y mi cuerpo
tu misericordia es perdón bendito
y con tus dones iluminas el cielo.

Mi cielo es poder hablar contigo
al expresarte el amor que te tengo,
en mi eterno soñar, Tú,…estás conmigo.

Muchas veces despierto, rezo y te siento
y en mis versos Padre mío, te ligo,
tu oración del Padre Nuestro,…mi alimento.

TÚ ERES MI ESPERANZA MI DIOS

Tú eres mi esperanza mi Dios
Tú eres mi consuelo.

Imploro por la vida mi Dios
con la luz de tus palabras
pidiendo por las guerras mi Dios
que de por vida se acabaran.

Tú eres mi esperanza mi Dios
Tú eres mi consuelo.

Yo soy un inmigrante mi Dios
esperando a sol y frío
y que en la esquina de la espera mi Dios
el trabajo llegue conmigo.

Tú eres mi esperanza mi Dios
Tú eres mi consuelo.

Yo soy un pecador y el perdón
te lo pido día a día
que alejes mi cuerpo de la tentación
y así tu amor divino lo tendría.

Tú eres mi esperanza mi Dios
Tú eres mi consuelo.

El pueblo que andaba en la oscuridad
vio una gran Luz; una Luz ha brillado
para los que vivían en tinieblas (Is.9, 1-2).

YO APRENDÍ A VOLAR

Yo aprendí a volar en mis sueños de niño
y parte de esos sueños se hicieron realidad
mi cuerpo y mi alma buscaron al Divino
y la luz del bien, oscureció la maldad.

Yo aprendí a volar siendo adolescente
sueños de bondad, amor y sabiduría
tenaz fue mi lucha y respeto a lo presente
el amor al estudio, crecía, crecía.

Yo aprendí a volar, y a volar siendo adulto
y a compartir mis sueños en familia
mi herencia es el amor, mi alegría es producto
de disfrutar la vida, ...día a día.

Yo aprendí a volar y mis sueños maduran
y sin pensarlo los comparto todos juntos
en versos los convierto y mi pluma los saluda
las letras y las sílabas se forman en conjunto.

Yo aprendí a volar en mis sueños de niño
sin guerra, sin maldad la paz hay que atesorar
una cruz de amor nos liga al Divino
en mis sueños de niño, yo aprendí a volar.

VIAJAR LIGERO

Mi mente corre, vuela y piensa
en los caminos que el tiempo ha borrado
y a mis años con o sin razón,...me alienta
discernir sobre los pecados perdonados.

Mi mente descarga los rencores
los odios, los lamentos, las frustraciones,
la ternura y el perdón son los dones
que Dios iluminó,...son sus bendiciones.

Viajar ligero es tener, mente abierta
y el milagro lo llevamos por dentro
perdonarnos asimismo nos libera
y nos permite vivir pleno,...por cierto.

Viajar ligero es decir, te quiero
un te amo, te necesito a mi lado,
mi corazón sonríe y siempre dispuesto
sin deudas, sin cargas, me he habituado.

Viajar ligero es pensar en Dios
su misericordia es cascada refrescante
sin culpas, sin temores,...vivir en su amor
vigoriza nuestro espíritu,...anhelante.

MEDICINA DEL ALMA

Cuando me acuesto y rezo en silencio
en silencio mi ser se pone en calma,
es una bendición de paz y lo siento
porque fortalece con amor mi alma.

Cuando despierto y miro hacia el cielo
las nubes se abrazan y saltan, y saltan
en ellas un milagro de creación yo veo
y su movimiento alegre,... resaltan.

Cuando camino y encuentro un niño
su sonrisa es aliento y contagia
mi cuerpo se estremece y con cariño
alabo a Dios por su amor y su aura.

Cuando los Domingos voy a la iglesia
mi encuentro con Jesús es voz que me llama
no soy digno, mas su misericordia
es amor y su perdón es medicina del alma.

Ten presente al Señor en todo lo que hagas
y Él te llevará por el camino recto.
(Prov. 3, 6).

TU VOZ ME CALMA

Tu voz me calma,... y soy prisionero
de tus goces y de tu silencio que asombra.
Verbo bendito, alianza, derrotero,
Luz que se prende y me salva de las sombras

Tu voz me calma y un jardín de flores
se siembra en mi mente con amores,
mis oídos atentos te dicen, no hay dolores
tu Cruz me da la vida plena y de colores

Tu voz me calma,...y es cascada refrescante,
alerto estoy del Bien, que sana y salva,
te pienso y te siento a cada instante
mansión del Cielo, perdón y redención que lava

Regocijado en tu presencia y calmado
en mi intimidad, grito ¡tuya es la Gloria ¡,
porque nada se puede sin ti y callado
te doy las gracias,...de amor es tu victoria

Tu voz me calma,...Dios de mis anhelos
y el grito de tu gloria es puro canto,
mis labios te dicen que gozo en tu evangelio
dolor humano aplacado con tu manto

TÚ ERES

La lluvia chispea sobre tierra mojada
y vas recogiendo los nombres que la historia moldeó
los lamentos se escuchan, los sentimientos lanzan
palabras veloces
y nos llevas adonde nos quieres llevar.

Esa eres tú, no te vistes pero te siento
en la esfera oscura de tu sombra, tocas puerta tras
puerta,
con los nudos gastados que tus manos atrapan
y cuando sentencias algo
lo decides en tu morada llena de misterios.

Tus ojos miran a lo lejos
con tu alma afilada de negros crespones
estás ahí, pendiente entre los muros que se alzan,
yo no miro adonde miras, ni te envidio
solo sé que lo deseas hoy y mañana será igual.

Lo que eres, me tiene sin cuidado
ya fuiste derrotada en tu propia realidad
tu largo adiós es un adiós que no se acaba
vivir es el principio, separarse es el reencuentro
tu lecho es húmedo y sombrío
tú eres la muerte al fin.

FE Y CONVERSIÓN

Yo me regocijo ante ti
señora de corazón inmaculado
porque llevado de tu mano
tu amor, es de fe y conversión.

Tus lágrimas convertidas en llanto
sepultaron la semilla del pecado
y por tu padecimiento en el calvario
tu amor, es de fe y conversión.

El sacrificio de Jesús en la cruz
derramó su sangre por amor al pecador
y tu sufrimiento de madre, dio una luz
de amor, de fe y conversión.

Tu mensaje, de rezar el rosario
es plegaria de grito, al arrepentimiento
por eso inflamada de dolor y de consuelo
tu amor, es de fe y conversión.

Tú eres, Reina de los pecadores
tú eres, consuelo de los afligidos
tú eres, bendita entre todas las mujeres
Tu amor, es de fe y conversión.

Jesús al ver a la Madre, y junto a ella al discípulo
que más quería, dijo a la Madre:<Mujer, ahí tienes a tu hijo>.
Después dijo al discípulo: < Ahí tienes a tu madre>.
Desde ese momento el discípulo se la llevó a su casa.
(Jn 19,26-27).

DIOS TE SALVE MARÍA

Mayo, mes de María en tu nombre
se llena de gracia el alma mía,
atesoro dulce Madre los dolores
que la Cruz en el Calvario te tenía.

María eres de gracia y tú conmigo
en las noches me llenas con unción,
Dios te Salve María, yo contigo
pregono en mis rezos con amor.

Tú ruegas por nosotros pecadores
y en la muerte te vemos Señora,
con tu intercepción calmas los dolores
que con amor irradias en la aurora.

Bendito sea el fruto y en tu vientre
brotó la sangre de Jesús, luz de vida
por eso te llamamos a ti, siempre
abogada nuestra,…Dios te Salve María.

El ángel entro en el lugar donde ella estaba,
y le dijo: ¡Salve llena de gracia!
El Señor está contigo.
(Lc.1, 28).

El Espíritu Santo vendrá sobre ti, y el
poder del Dios Altísimo se posara sobre ti.
Por eso el niño que va a nacer será llamado
Santo e Hijo de Dios. (Lc.1, 35).

POEMAS DE
AMOR FRATERNO
Y DE PASION

MUJER – MADRE

Si hay alguien que el tiempo no borra
es tu origen de madre,...divino
y en mi lengua las palabras me sobran
porque empecé a amarte,...desde niño.

Con amor y ternura arrullaste mi sueño
y en tu pecho materno tu calor lo sentí
mas en tu mirada y sonrisa de ensueño
tus lágrimas se vistieron de amor por mi.

Y si en el Calvario el dolor gimió madre,
con misericordia el perdón...dijo sí
tu paciencia no es un misterio y lo sabes
Dios, te coronó con sus dones al fin.

Madre, sintetiza el valor, la fuerza,
su enseñanza son valores del alma
su silencio es belleza de vida y reza
por el hijo que vive en sus entrañas.

Madre, describe la ternura con simpleza
y bendito el hijo que aún la tiene
ya no la tengo, mas mi fortaleza
me recuerda a la mujer-madre...y me sostiene.

A mi madre Georgina (+). Tu amor y tu recuerdo me reconforta.

LÁGRIMAS DE SANGRE

Lágrimas de sangre ruedan por mis mejillas
cortando la tristeza en pedazos y en trozos
tu presencia de Madre a lo lejos y a millas
despierta mi nostalgia y caigo de hinojos.

Lágrimas de sangre caen gota a gota
manchando e hiriéndome la piel
su caminar es lento y al tocarme me azota
con su espina afilada, cubierta de hiel.

Lágrimas de sangre me recorren en silencio
me hieren, desdibujando mi sonrisa
en su huída se apacigua por momentos
cambiando mi tormento, de llanto en risa.

Lágrimas de sangre fluyen y es torrente
que se escapa de la cueva de mis ojos
su cuerpo es cristalino, la fuente es su ambiente
detenerla es imposible,…mis ojos están rojos.

DOLOR DE MADRE, DOLOR DE ABUELA

Dolor de madre nos angustia y desespera
enmudeciendo las voces en silencio
su sabor es amargo y con su pena
siembra la semilla que alimenta con su aliento.

Dolor de abuela nos arrastra y nos lacera
a un abismo horrendo e invisible
su dolor es doble y su huella no espera
la parca en su camino, se muestra insensible.

Dolor de madre nos aquieta y paraliza
su mueca es silueta de la tristeza
en su caminar sepulta a la sonrisa
en un ataúd de tierra y con maleza.

Dolor de abuela nos enseña y nos recuerda
que existe un dolor de madre que sublimiza
al amor, a la ternura y nos revela
que la paz es con Dios…y su luz divina.

A mi padre, Alberto (+). Con amor en tu ausencia.

LAS MANOS DE MI PADRE

Las manos de mi padre me revelaron
su ternura, su amor y su bondad
su piel callosa y curtida por el trabajo
enjugaron mis lágrimas con suavidad.

Las manos de mi padre me reprendieron
la inquietud y el desorden de mi edad
su mirada firme lo acompañaron
corrigiendo errores por mi maldad.

Las manos de mi padre me alzaron
cuando pequeño, mis pasos eran lentos
con su cuerpo en silencio y abrazados
me cubrió de cariño con su aliento.

Las manos de mi padre envejecieron
venciendo barreras y saludando al tiempo
con los años las fuerzas lo abandonaron
las recuerdo siempre…ya no las tengo.

UN BUEN PADRE

Cuando un buen padre habla y aconseja
aconseja con amor y preocupación
con su corazón los cubre y solo deja
que la gracia de Dios, los guíe en su acción.

Cuando a un buen padre, su hijo le contesta
y clava una espina en su corazón
su corazón le sangra y en su mente resta
los impulsos y arrebatos con su amor.

Cuando un buen padre habla y dice,
que la lógica es sumar dos más dos
el resultado es una figura que predice,
el éxito,…porque su voz se escuchó.

Cuando un hijo no escucha o no quiere
el tiempo pasa y la vida lo coge
en el silencio vejeta y se muere,
como las plantas sin agua se encoje.

Pero un buen padre perdona y permite
y asimila la espina que lo hiere
su amor fraterno es vital,… nunca muere
y en oración le pide a Dios lo que quiere.

MI PRIMER BESO

Mi primer beso lo imagino y lo pienso
fue con alegría al minuto de vida
mis padres me lo dieron, aún lo siento
frescos, sinceros y sin hipocresías.

Mi primer beso fue un robo inocente
curioso, infantil, tal vez conquistador
lo recuerdo a veces, lejos, ausente
sin pecado, sin malicia, sin amor.

Mi primer beso, dulce, repentino
siendo adolescente, despertó mi carne y mi piel
embriagado como el trago de un buen vino
mis labios lo saboreó…como una miel.

Mi primer beso con amor a mi esposa
fue una mezcla de sentimientos y de pasión
mis labios se posaron delicados y una rosa
se incrustó en mi mente y en mi corazón.

Mi primer beso fue de júbilo a mis hijos
sus nacimientos fue semilla que germinó
a nuestra unión, Dios nos bendijo
con tres niñas y un niño…nos premió.

LUIS ENRIQUE PRECIADO LLERENA

*Para mi esposa Rosa, nuestro amor es indisoluble, contigo
aprendí a soñar*

EL A.B.C DE TU AMOR

En el comienzo
la A de tu amor se cruzó
en los puntos cardinales
de mi existencia.

En mi mente
el néctar de tu aliento
inundó de recuerdos
el archivo de mi abecedario.

La B de belleza
descubrió el arcoíris de colores
que cubrían tu simpleza.

La C de cariño, circuncidó
las oscuras sombras
de la tristeza.

La E de la emancipación
saco a flote, como almas gemelas
la fe y la esperanza.

La R de ruiseñor
canto la comprensión y el perdón
que se arrancaron de muchas rosas.

El A.B.C de tu amor
es como el arca de la alianza
inundada de nobleza.

AMARTE SIN MEDIDA

Amarte sin medida es mi destino
como la lluvia regando el rocío
a lo lejos, te extraño y sin sentirlo
la pena me agobia…amor mío.

Amarte sin medida me acongoja
en este día de amor y de amistad
a Dios le pido que no me recoja
y así gozar, de tu sonrisa angelical.

Amarte sin medida es una sombra
que me acompaña en la soledad
me tranquiliza, me motiva y me asombra
dibujando tu silueta…me da la paz.

Amarte sin medida, soy amante
del amor, de la ternura y la lealtad
tu cuerpo me recuerda, un instante
la pasión que nos bañó de felicidad.

Amarte sin medida a la distancia
valoriza como nadie, nuestra unión
en la vida muchas veces, se renuncia
y tu regreso a tiempo, nos dará la razón.

Rosa Esperanza, mi amor cada día crece y Dios es el testigo
de nuestra alianza.

CRECE MI AMOR

Crece mi amor y en cada siembra
nacen los recuerdos tuyos y míos,
es su cosecha una estela de estrellas
que resplandece los mares y los ríos.

Crece mi amor y tus ojos parpadean
y en tu mirada me pierdo en lo infinito,
el viento me besa, su brisa alardea
y en silencio tu nombre lo repito.

Crece mi amor y a lo lejos se estremece
así es mi amor, en tu ser se acopla y crece,
y de añoranza en su Cruz se fortalece.

Crece mi amor y en los años se cuenta
la alegría y el dolor que nos merece,
y a Dios como testigo que lo alienta.

SIETE DE MAYO

Hoy es siete y las sombras me oprimen
y mis ideas vuelan en lo infinito,
mis recuerdos se vuelcan y me describen
tus cincuenta y tres años y no es un mito.

Así es como camino entre las noches
¡buscándote!,...tu tan cerca y yo tan lejos,
sin embargo es tu alegría y tu derroche
que se roban de mis voces un...te quiero.

En el amanecer mis versos se reviven
con la belleza de tu alma que bendice,
y con los años mi cuerpo se desvive
por las huellas de tu amor,...¿qué me dices?

Quizás a veces, muchos meses nos separan
y los recuerdos siempre nacen furtivos,
la vida pasa, soñar no cuesta nada
y yo navego entre susurros...fugitivo.

Hoy te hablo con mi razón y mi pluma
y te confieso de mi amor, ya no callo
tu presencia es mi Sol, tu amor mi Luna
que Dios te bendiga,...hoy Siete de Mayo.

Para ti amor

SOY EL HOMBRE QUE TE AMA

Hoy es un día mágico y sesenta años
es bendición de Dios, amor y consuelo,
sus dones de vida vienen de sus manos
aun en la distancia nos une,...dulce cielo.

Extensa es la llanura de la vida
y hasta hoy hemos caminado unidos,
las mañanas son claras y la noche convida
a pensar en Dios, de Él hemos venido.

Primavera blanca, es el amor que me das
y te siento,...como el mar todo lo bañas,
transparencia pura es tu lealtad, y al azar
tu presencia bella me llena en las mañanas.

Rosita pronuncio, y con los ojos abiertos
tus matices despiertan mis sentimientos,
sensual placer son mis días desiertos
inmortal el aire, nutre mil pensamientos.

Solo sé, que tu amor es pura vida
y con cordura mi ser te piensa y te llama,
los días son ancho mar y Dios convida
al maná de la vida, y soy el hombre que te ama.

BALADA DE AMOR

Un grito se escucha y susurra al viento
de su presencia y alegría de vida,
las lágrimas de una madre y su aliento
aplacan su dolor de parto que lastima.

El tiempo pasa y un hasta luego
hiere de espinas su cuerpo y su corazón
al Señor le pide con unción y en su ruego
que cuide a su hijo en la milicia,...con su amor.

Lágrimas de amor la bañan en torrente
por su hijo y por la mujer que lo espera,
los bendice y su oración es su puente
que los liga y en su amor,...solo llega.

Llegan los inviernos y pasan los años
se repite el dolor y el amor de vida,
como almas gemelas, alzan sus manos
por la gracia de Dios, su nieto es su vida.

TE HE DICHO TANTAS COSAS

Te he dicho tantas cosas en mis versos
que yo siento que mis voces se gastaron,
sin embargo mis versos me saben a besos
y al recordarlos mis ojos se me nublaron.

Te he dicho tantas cosas y yo pienso
que el amor debe imponerse a la razón,
la razón fueron nuestros hijos y yo siento
que cumplimos con el amor del corazón.

Te he dicho tanta cosas y en mi mente
un crucigrama de preguntas se perfila,
por momentos me desmorono y demente
busco en el diccionario que me lo diga.

Te he dicho tantas cosas y mis manos
buscan en su piel las huellas que dejaste,
una cicatriz de amor puro y de la mano
me aprisionan a tu amor,...me marcaste.

Te he dicho tantas cosas y distante
pronuncio a voces,...Feliz Cumpleaños,
que Dios te bendiga y que tu ser constante
iluminen mi soledad por muchos años.

SIN PALABRAS

Hoy la soledad me sonrió y sus voces
atrapó las sílabas de mi abecedario
un silencio de ausencia con sus poses
incrustó una espina…en mi diario.

Día a día te busco y no te encuentro
en paisajes extraños e imposibles
mis labios se cierran y de momento
escucho mi nombre en tus voces invisibles.

Invisible tu risa,…te oigo, te busco
me quedo sin aliento y sin palabras
mi sonrisa se me apaga y no luzco
en el caminar placentero, de una mañana.

Hoy es Sábado, llueve y mis cicatrices
desnudan mi piel y me torturan
el no escucharte me apena y sus raíces
encarcelan un "Te quiero", …es mi locura.

COMPRENDERTE

Comprenderte se me hace difícil
mas tu sonrisa desarma pesares
en las noches las estrellas me dicen
de tu amor que hasta alcanzan los mares.

Comprenderte se me hace una sombra
que me inquieta a momentos y me atrapa
con sus pasos que irrumpen, me asombra
y pincela huellas de amor en su trampa.

Así eres tú, impredecible y pequeña
con locura lo que quieres te delata,
e inmensa en tu amor,...te agigantas.

Comprenderte es romper las cadenas
de lo ilógico y la desesperanza
y aún así,...te recibo con ansias.

AÚN EXISTEN PERLAS

Aún existen perlas en nuestras vidas
como semillas regadas por la tierra
su siembra tiene nombre y compartida
es el bien sobre el mal...si quisieran.

Aún existen perlas y su olvido
lastima el alma y la conciencia
resquebraja el espíritu...y lo digo
por amar la vida plena y sin problemas.

Aún existen perlas en nuestro interior
y como la brisa acaricia al tiempo,
descubrir su luz en nuestro corazón
son destellos de amor y paz...por cierto

Aún existen perlas en nuestras vidas
y su cosecha se da con la experiencia
su sabiduría salva vidas intranquilas
escuchar su voz nos da la vida plena.

TUS OJOS

Hoy desperté entre sábanas y almohadas
cubierta mi mente de insomnio y hastío
tu figura perdida salió de la nada
rompiendo con destellos mi hechizo sombrío.

Tus ojos me deslumbraron y mi piel
como flechas se erizaron,...cupido
tu mirada me endulzó con su miel
y mi cuerpo se sacudió estremecido.

Verdes praderas se aproximaron a lo lejos
recorriendo tu ser con su mirada
las cortinas redondas de tu pecho
latían y latían, y se insinuaban.

Bañados mis ojos con tu frescura
se deleitaron en el paisaje...y solo
mi visión se aclaró y en tu figura
un color verde se pintó en tus ojos.

MIS CADENAS

El viento sopla y se me ríe en la cara
su aliento es frío, etéreo y húmedo
no lo veo su disfraz, es una máscara
y me recuerda mis años con sus números.

Mis años se cuentan en tiempo y distancia
y por segundos mi voz se me apaga
la nostalgia me aprisiona y mis ansias
se me clavan en tristeza como daga.

Otro fin de año se me suma en la sien
y me pincela de blanco cenizas
la camuflo de vez en cuando para bien
como el payaso que se ríe de prisa.

Son mis cadenas que viven en mis entrañas
y me recuerdan lo mucho que te quiero
el te amo, lo reservo para un mañana
cuando vuelvas a mi con amor,…mi cielo.

RINCÓN SOMBRÍO

Un ángulo melancólico esconde
el vértice de su cuerpo
los puntos cardinales de su silueta,
se camufla en la soledad y en las sombras.

La quietud de sus ojos se extravía,
por las líneas imperceptibles
de sus pupilas en lo infinito.

Su figura es silencio
es paz, es calma
un pensamiento vaga por lo ignoto
queriendo saber el ¿por qué?
de su existencia.

A su calma
sigue su sombra reprimida
y un silencio mudo
hormiguea la quietud de sus pasos
eso eres…un plano en dirección.

Rincón sombrío
sólo la tensión, la angustia y los pesares
te delatan.

LÁGRIMAS

Gotas caen y un suelo se refresca
sin lamentos la soledad es su amiga,
se camufla, se pierde y se mezcla
y con su nombre me recorre muy digna.

Disfrazada como lluvia y nubarrones
enluta mis pupilas y mis niñas
se desvisten en mil emociones
bañando mi rostro de pena cristalina.

Unos sentimientos vienen a mis ojos
y me enturbian la visión a lo lejos
su caminar es lento, su disfraz es de enojo
la ira es poder y su ser es complejo.

Se desplazan,...son mis lágrimas sensitivas
su nieta es un desfogue de emociones,
con risas me acompañan, competitivas
no paran,...son muchas sensaciones.

Lágrimas me estremecen y mi piel
se eriza y un frío indolente la abriga
un pañuelo la enjuga y con su miel
la absorbe, el consuelo es su medida.

MI MUSA

Hoy estás en silencio, irreal, esquiva
sin explicaciones, muda te me has ido
sin razones mi mente te busca y libra
batallas de ausencia, de desamor y de olvido.

Hoy no estás y mi yo, ya te extraña
incomprensible, mi pluma te reclama
eres la voz que me susurra en las mañanas
eres la luz que en las noches me llamas.

¿Dónde estás?, sin tus versos no camino
cabizbajo, mi compañía es la soledad
ven a mi, mis pensamientos son tu nido
donde la inspiración me habla con la verdad.

Hoy no estás y sin tu rima yo me pierdo
tu don es mi razón,…no seas ilusa
te amo con pasión y tu ritmo por cierto,
tu alma es mi gemela, mi amor,…mi musa.

BÚSCAME

Hoy no me encuentras porque estoy tan lejos,
¡si ni siquiera en tus pupilas me has buscado!
búscame en tu rostro y que te diga el espejo
del amor de años…apasionados.

Búscame en tu sombra que se pierde en la noche
fugitiva, sagaz, impertinente
así tendrás compañía y a las doce
te alimentarás de recuerdo, en tu mente.

Búscame en tus lágrimas de años pasados
que fortalecieron con paciencia tu ser,
tu amor, tu fe, tu esperanza a mi lado
motivaron mi vida, mi honor, mi deber.

Búscame en tus sueños y soñarás conmigo
y recordarás el primer beso que te robé
los días se acortarán…y te digo,
que a tu regreso sin más, te lo devolveré.

Búscame en tus oraciones que Dios bendice
y tu alma gemela llegará a mi
búscame en tu cuerpo, tus manos, tu piel,
a mis hijas, a mis nietos,…recen por mi.

INSPIRACIÓN

¿Y te vas ahora?...¡mejor detente!
alguna tregua y déjame pensando
¿no lo sabes?…en mi mente estás presente
y en las noches siempre me estás llamando.

Deja que mis pensamientos florezcan
frescos lozanos y ricos sin maldad
como la brisa se inflamen y crezcan
separando con tu voz el bien del mal.

Pregúntale a las olas del mar
de las burbujas de amor que sientes
de tus caricias en mi mente al saltar
y de tu ser accesible… ausente.

Deja que mi alma recorra y se extasíe
de la majestad del cielo y las estrellas
y que mis ojos contemplen y brillen
de la presencia de Dios en la Tierra.

Háblale al hombre que sí existes
y que en el tiempo regresas con tu estela
tu luz es un gran cisne que canta y vive
sutil en el corazón…aunque duela.

LA ILUSION SE SIENTE

La ilusión se siente y solo desaparece
cuando tu cuerpo se aleja y no se ve,
amor calllado la nostalgia, no espera
su presencia es cierta y eso yo lo sé

La ilusión es silencio que se otorga
al ser amado que llega y se adentra,
es un sentimiento que a veces pregona
que la dicha es un oasis que se adentra

! Amor, amor ! tu fuego presente me llama
libre, tu cielo aviva mi esperanza,
mi cuerpo abierto se enciende y se inflama
tu rios de besos es sueño que alcanza

La ilusión aviva mis sueños de siempre
corren por mi mente, juguetean en mi,
tu amor es esencia, espuma y lumbre
vivo paisaje, sueño y me prendo por ti

BELLA ES LA VIDA

Bella es y se vive la vida cuando
los amigos saben vivir la prosperidad,
prosperidad sana que se va dando
a medida que se brinda la amistad.

Prosperidad es lo que nos enriquece
y en su luz de paz nos alumbra,
es apartar lo insano que uno tiene
y compartir lo bueno que eso suma.

Así es como se goza la belleza. Que
la vida soplo místico y fecundo
es obra creadora y eterna de Dios.

Porque transforma e ilumina con simpleza,
así con intenso pensamiento profundo
la grandeza indisoluble de su amor.

LA GRACIA

La vida es grande, bella y de colores
cuando muestra su rostro afable y de bondad,
así es la gracia enseñando sus valores
y desflora en melodías, su suavidad.

Auténtica en su donaire amanece
después que se van las estrellas fugaces,
camina y con sus pasos parece
agua clara que de una fuente nace.

También es un don que brota alegre
y disipa la tristeza,…doliente,
es guía a buen camino, para el que sufre
y su luz es rayo infantil, que se siente.

Conjuga sutil con amor el perdón
y fija su mirada en la cordura,
subjetiva, no es un misterio y con pasión
sana con candor, su mundo es la ternura.

Como una nube a veces se decora
coqueta se insinúa con locura
su canto es dulce y en su rostro moran
pensamientos frescos y ansias de aventura.

MENTIRA LEVE

Cuando una mentira se adueña
es como el cactus que crece en el desierto,
y se cree y crece convencida y risueña
que es palabra abierta,…impoluta por cierto

Mentira, palabra mustia disfrazada
sin principio y sin final concreto,
es voz que se estrecha y abrazada
prolonga su hecho mágico sin decreto

Y cuando una mentira no es mentira
es la verdad del alma que fascina,
es la disyunción del momento que mira
al corazón perfecto que despierta y que ilumina

Asi para llegar a ti como te quiero
camino hacia donde dirijes tu sueño,
me distraigo de lo que dices primero
y sin mentira el creerte es mi dueño

Mentira leve, ¿ el por qué ?, es un misterio,
piadosas, inocentes y sin rumbo cierto,
van tiñiendo con amor su dulce criterio,
voz dolorida,…es mi cuerpo abierto

QUIERO VIVIR

Hoy desperté de una ilusión vivida
que se prendió en mi mente por cierto,
respetuoso y amoroso soy y mi vida
se rompió en pedazos,…por lo incierto.

Lo incierto es nube de amor,…¡qué locura!
a mi edad se me pegó hasta el fondo
lo pienso y confusas ideas, me procuran
no puedo expresarlo se me caló tan hondo.

Yo sé lo que se siente, mas mis huellas
me llevarán por derroteros de amor,
amor que brotará cual flores bellas
como un torbellino que mata el desamor.

Quiero vivir,…luchador de la vida soy
¿Por qué caer? si soy a imagen de Dios,
el amor es sabio y por donde voy
es gloria de luz al compás de mi voz.

CATORCE DE FEBRERO

Es triste despertar en la soledad
sin una voz que te diga buenos días,
en silencio me digo que a mi edad
algún sortilegio se pegó y se liga.

Mis sentimientos fluyen en lontananza
y es tu amor que despierta mis ansias,
mi mirada se pierde, mas la esperanza
es río que fluye torrente y se lanza.

¿Qué puedo decirte?, si en la espera, hay
la semilla que brota de tu amor,
te pienso y en tus lágrimas, la paz
es erial indiferente,…al dolor

Hoy es catorce de Febrero, y contigo
nuestra alianza ante Dios aprendí a recordar
y que amarte sin medida es mi signo
por eso con amor te llevé al altar.

Para ti hija Caty, mi amor se ilumina…te amo.

TENGO TU RECUERDO

Tengo tu recuerdo y a ti dispuesta
a buscarme en la mañana cuando nace,
tu amor es sin protesta y radiante
es gloria;…con fuerza y emoción renace.

Yo sé que me hallarás sin buscarme
porque para encontrarme solo cuenta,
así los colores de tu voz y sin tardarme
me dirán lo que un abrazo alienta.

Ya bajo el dolor de la distancia
los relojes exactos me darán la hora,
sin angustias, sin inquietudes, mis ansias
aplacarán mi alma al salir la aurora.

No llores y no cierres tus oídos
en lontananza nuestro amor nos salva,
abre tu corazón y en tus latidos
percibe mi llamado que rompe el alba.

Hijo Darwing te amo, mi ser está siempre contigo.

NACIÓ VARÓN

Nació varón y su grito despertó
las fronteras silenciosas de mis latidos
como rey, como príncipe anunció
que su grito, era un grito compartido.

Nació varón y con sus primeros pasos
las mieles de la alegría visitó mis ojos
con lamentos y caídas,…en sus tropiezos
sus manos las extendió,…de hinojos.

Nació varón y con mucha atención
puso empeño, amor y sentimiento
los estudios conjugó con diversión
e hizo volar sus pensamientos.

Sus pensamientos los hizo realidad
y como las aves voló y voló
con tesón, trabajo y dignidad
la existencia de su vida le sonrió.

Nació varón y el orgullo no me cabe
que la piel de mi cuerpo se desnuda
nació varón, yo lo amo, él lo sabe
que su grito fue de amor y de dulzura.

Poema escrito por mi hija Miriam a su Padre espiritual, Dios…
y a mí, su padre terrenal.

TE REGALO MIS VERSOS

Como no pensar en Ti, si te llevo desde niña
mi gran ejemplo Tú, con tu cariño en mi anochecer
noches poéticas; versos que vienen y van
la herencia no fue en vano
mi corazón es de cristal.

Tanto nos reflejamos
mis palabras son también tuyas
cuanto he recordado
que ayer descubrí varios retratos, de amor
que plasmé con mi letra.

Hoy nacen nuevas palabras
Papá, Tú mi gran guía
y con mis sueños y los tuyos, renace el amor
si… soñaba, soñaba dormida…amar, servir y luchar.
y por Ti es realidad

Tu apoyo es mi gran fortaleza
mi don es tu creación
yo solo quiero tenerte
y embellecer el mundo de amor
Con mi Padre y su inmenso corazón

Te regalo mis versos
palabras que viene y van
que salen de una hija marcada con el tiempo
por un Padre de verdad
te regalo mis versos…contigo quiero soñar.

Respuesta a mi hija Miriam, mi gemela poética.

MI CORAZÓN RECIBE TUS VERSOS

Mi corazón se alimenta de lágrimas
cuando leo "El regalo de tus versos"
y pincelo tus sueños en mis páginas
por tus versos que me saben a besos.

Y es el tiempo, que me dice "te quiero "
porque teje sus hilos en la distancia
con su luz me recuerda el lucero
que brota de tu pluma,…con ansias.

Mi corazón también es de cristal
no se rompe, pero derrama sus lágrimas,
con amor las recibe, en su manantial
fortalecido por Dios,…con sus dádivas.

Espiritual, tus mensajes me llegan
"misionera de almas",…me apacientas,
mi herencia es de Dios y reflejan
caminos de amor y verdad, que lo sientas.

Mi corazón se alimenta de lágrimas,
mas tus alas, despliégalas con tesón
así tus versos escribirán,…páginas
de ternura y amor en mi corazón.

A mi chocolate Karlita, hija mi corazón te siente.

LOS DÍAS PASAN

Los días pasan y yo te pienso
como la niña picosa que eres
me miro al espejo y siento
que tu risa me llega... ¿qué crees ?

Los días pasan y a veces escribo
versos que dicen siempre,...Te amo
camino bajo la lluvia y vibro
de pensarte pequeña, y te llamo.

Los días pasan y a veces pinto
sueños en lontananza, y tu risa
suena y me llega con tu aliento
por eso mi regreso debe ser de prisa.

Los días son días de amor por ti
chocolate de mis amores,...se feliz,
vuela alto motivada...y no por mi,
y alcanza tus sueños, evita un desliz.

Para mi primer nieto Sebastián con mi amor.

MI AMOR ES TUYO

Dios quiso que un día como hoy nacieras
como un lucero presente, brillante,
se pintó el cielo de azul, como si fueras
una estrella polar, firme caminante.

Regocijada la esperanza bendecida
fuiste arpa sonora que vibraste
como un explorador,…en nuestras retinas
iluminaste en la noche,…¡qué contraste!

Eres vencedor, hábil del gran camino
que la vida presenta en contienda,
tranquilo recorriste la senda y el vino
es milagro de vida que despierta.

gloria del cielo,… ¡cómo no amarte¡
si te vi gorrión tranquilo y puro,
¡cómo quisiera Sebastián llamarte!
con simple corazón mi amor es tuyo.

Para ti Alexis con amor.

HOLA PEQUEÑO

Hola pequeño de mis amores
salta, brinca, juega y atesora,
el día y la noche pinta de colores
el manantial de vida en su aurora.

Canta, baila, sonríe y que tu sueño
se alumbre por la luz de la esperanza
contornéate y se solo tu dueño
así nadie te apresa, ni te alcanza.

Sé que cruzas tus piernas al mirar
la televisión te llega no el cine,
te concentras y eres libres de pensar
nieto bello tú eres como un cisne.

Ahora solo espero tu misiva
de puño y letra se pinte con amor,
un año más de vida te motiva
a vivir siempre en la gracia del Señor.

Para mi nieta morena, tú eres mi amor.

NAYARI

Hoy es mes de Abril y mi corazón
vibra con fuerza desmedida,
es tu recuerdo que me llega con amor
y tu inocencia es candor sin medida.

Mi corazón palpita de emoción
con tu sonrisa que a veces me huye,
sin embargo tú tienes la razón
por la distancia…y tu ser lo intuye.

Yo sé que brincas, juegas, bailas
con la pureza de una niña tierna,
pícara, coqueta, a veces saltas
entre la lluvia que cae incierta.

Así me llega tu amor y lo percibo
cuando vienes a mi con tu inocencia,
rezo por ti Nayari y en tu amor recibo
la belleza de tu ser,…es tu esencia.

A mi nieta Ángela "Mia", con mucho amor para ti.

NIETA, MÍA

Hoy desperté y una sinfonía de colores
iluminaron mis pupilas y encendidas,
buscaron tu rostro y un mar de dolores
me dijo de tus seis años que cumplías.

Este día tus recuerdos me conducen
al gorjeo de tus primeras voces,
inmutable me llegan y me dicen
que ahora bailas y te mueves con tus poses.

Nieta mía, serena y sencilla te quiero
como el mar cuando besa con sus olas,
tu risa la atesoro y cual manantial
te acompaño en la distancia,...a solas.

Con mis versos abro surcos de amor
como el Sol con su cuna ardiente,
cuando reces pídele con amor a Dios
que me cuide y que su amor me aliente.

Hoy que es tu cumpleaños mira al cielo
y en las estrellas busca el rostro de mi amor,
que se extiende hasta acercarse y yo quiero
que muy pronto tus besos....calmaran mi dolor.

Para mi nieta, mi amor es tuyo.

LESLIE Y SUS VOCES

Leslie al escucharte con tus voces
mi corazón late en un campo abierto,
buscando tus pequeñas cosas y los dones
me llegan frescos con deseos ciertos.

Oír tus voces es un canto de alegría
que despierta mi alma con el alba,
tus sílabas son caminos y día a día
palpita mi corazón porque me amas.

Me cuentan de tu inocencia y picardía
y con emoción me llegan de sorpresa,
la humedad de mis ojos es melancolía
que se apaga con tus voces de sabor a fresa.

Hoy en tu día con mis besos,…tierno
imprimo en tu rostro y angelical frente,
mis versos de amor que arrullan tu sueño
y la voz de Dios que brille en tu mente.

Para mi nieta, la modelo, con todo mi amor.

GÉNESIS

Génesis de mis amores, en tus voces
el eco es canción de cuna que embelesa,
tus gorjeos rompen el silencio en goces
y mi corazón te siente,... es tu belleza.

Tu sonrisa de niña inocente
es cielo azul que alumbra mi existencia,
tus pasos torpes me llevan consiente
a decirte que te amo con firmeza.

A lo lejos te busco en tu luz
y la luz que irradias me lleva contigo,
igual que ayer te busco en mi cruz
y mi cruz que atesoro te trae conmigo.

Tú eres mi luz, mi eco, mi voz
eres amor de mi silencio, aligeras mi cansancio,
eres mi modelo, tu amor es de los dos
tu alma bendita me lleva hasta lo alto.

LUIS ENRIQUE PRECIADO LLERENA

Para mi nieta bebé con amor.

VALENTINA, VALENTINA

Valentina, Valentina tu rostro me llegó,
como llega la vida que alumbra el día,
y en mi corazón de abuelo se impregnó
la brisa amada que acaricia compañía.

Valentina, Valentina, mi amor es tuyo
bendita y bella,…eres gozo de Dios,
tu fuiste una seda y después capullo
y viniste rauda a unir con tu amor.

Pasarán los días, meses y años
y crecerás como un árbol,…amado
tus pasos dejarán huellas y sin daño
con amor me extenderás tus manos.

Yo caminaré cierto y lento hacia ti
y te daré mi amor sin temores,
aguarda, que pronto iré a compartir
Tu picardía sana y tus amores.

Para ti amigo, sigue creciendo espiritualmente, un abrazo.

TU AMISTAD CONMIGO

Un año más, no detengas el paso
y brilla motivado con luz propia,
no temas zozobrar y mira el ocaso
como se pierde dejando la brisa sola.

Siempre es bueno reír y soñar, sueña
es tu vida ¿por dónde la llevarías?
vive la vida en calma y vuela
con la emoción del espíritu ¡sí podrías!

Igual que ayer, siente que se te nombra
y siente tu grandeza tal, sin prisa
alúmbrate tus sueños en la sombra
y alienta la paz en tu sonrisa.

Canta la alegría de los amigos
e impregna tu mente de ilusiones,
un año más, tu amistad conmigo
le da a mis versos la fuerza,… hecha canciones.

ERES MI LUCERO

La mañana me despierta con sus luces
y me dicen lo mucho que te quiero,
en tus veintiocho años tú te conduces
por caminos espirituales,…eres mi lucero.

¡Qué importa!… si la distancia nos separa
horas y kilómetros por recorrer,
si Dios está con nosotros y nos depara
un encuentro de amor,…por reponer.

Todo cabe en mis versos y en los tuyos
por la sensibilidad y don regalados,
mi corazón se contrae y suyos
son sus latidos de amor anhelados.

El tiempo llegará y por segundos
las manijas del reloj se detendrán,
yo extenderé mis manos y en un abrazo
el amor y la esperanza nos fundirá.

Hoy es dos de Septiembre y mis ojos
te buscan en las olas del mar querido,
su oleaje me trae tu amor y a Dios
por tus rezos que me llegan bendecidos.

TÚ ERES, YO SOY

Tú eres, la mujer- niña consentida
que creció con susurros en la aurora,
yo soy tu silencio, tu sombra, tu guía
y la alegría que te ronda por si lloras.

Tú eres, el jardín donde el rosal florece
con tus ideas y alma de misionera,
yo soy la espina que siempre se enternece
por tu espíritu solidario,....aunque llueva.

Tú eres el sol y la llama que se enciende
y evangelizas con la fe y la esperanza,
yo solo quiero ser tu luz, aunque ausente
para alumbrar los caminos de tus ansias.

Tú eres, el lucero y la estrella de mis goces
vivaz, te recuerdo en mis noches sombrías,
tú conmigo y con clamor a las doce
pediremos a Dios por su luz,.....que nos guíe.

Tú eres, la paloma que aprendió a volar
me lo digo tanta veces,....¿me lo crees?
yo soy el ser que siempre te ha de amar,
que Dios te bendiga hoy, yo soy,...tú eres.

Amigo, disfruta la vida con decoro, bendiciones

AMIGO

Un pájaro silba entre las nubes
y su silbido llega hasta mi corazón
melodiosamente me dice,…que
mis versos los escribo con amor

Con amor y con razón los escribo
cuando la musa llega y me ama
sin querer mueve mi pluma y me digo
son para un amigo que me extraña.

A veces es para una mujer que quiero
igual para una mujer que amo
así son mis sentimientos y luego
pienso en el amigo que crece,…lejano

Un pájaro silba, y sus notas
son música que acarician mis oídos
y amorosamente me recuerda
que sin conocerte, tengo un amigo.

NOCHE DE LUNA

Con las olas del mar vino tu nombre
vestido de música, de amor y de arena,
sorprendido te atrapé y en un pronombre
mis labios balbucearon, esa es,...ella.

Así se escribió mi historia de amor
con ocultos vericuetos de hermosura,
el tiempo tejió sus hilos y con candor
afirmó una alianza con ternura.

Las estrellas con su halo de luz
afirmaron los senderos de mis besos,
intermitente su brillo se posó azul
en la concavidad difícil de mis versos.

Creador y artesano soy, de una sílaba con dolor
nace y palpita con un verbo de cuna,
su estela es de colores y en su amor
me recuerda a Dios en su noche de luna.

RENOVACIÓN DE VOTOS

Año nuevo, suena alegre por las mañanas
es como vida nueva que surca el alma,
y renueva aires de fiesta,…la cizaña
es golondrina que se pierde sin sus alas.

Así son los aires de fiestas que renuevan
el amor perdido sin esperanzas,
blanco mantel servido, la fuente lleva
el amor olvidado que baila y danza.

Danza el amor, se alimenta, se pega
y se hila la unión que nada empaña,
sueña alegre y el noble vino,…lleva
a percibir esa fuerza que no daña.

Año nuevo, se renuevan los votos
es promesa y gracia compartida
soñar, vivir y mirarse a los ojos
esa es la existencia, alianza comprendida.

Para ti pequeña, con cariño.

NIÑA INOCENTE

Igual que ayer recordé tu nombre
como cuando miro hacia las estrellas,
tu voz me llegó y mi honor de hombre
me aseguró que eres inquieta y bella.

Igual que ayer la voz del agua me dijo
de la clara pureza de tu alma,
con inocencia saltas y predijo
que tu amor de niña, si nos alcanza.

Igual que ayer canté entre delirios
las canciones rítmicas de mi niñez,
parpadeaba y me vi salir de un río
contento por la forma como me ves.

Si niña inocente yo no soy tu amor
pero si soy el ser que te siente,
cuando conversas conmigo con candor
me alegras con tus voces inocente.

Hoy cumples cuatro años de ternura
inquieta brillas y alumbras los sueños,
entretienes y bailas con locura
recuérdame cuando mires hacia el cielo.

Poema dedicado a mi hermana Susy, con amor.

UN AÑO MÁS

En este día, estoy en silencio
con pensamientos que vienen y van
se alimentan de recuerdos, y el viento
me dicen de tu amor, cuando me lo das.

Y aún así, miro hacia las estrellas
raudas se mueven en el firmamento,
medito y los recuerdos me llegan
cuando la noche cierra, ¡qué momento!

Sí hermana,…Mayo es mes de María
y nos protege con amor divino,
su amor seráfico prende el alma mía
y el tuyo iluminando tu camino.

No hay desamor ni sombra impura
nuestro amor es luz de verdad,… ¡brillante!
un año más es sabiduría que dura
cuando le rezas a Dios, por un instante.

EXISTENCIA

En el principio
el grito de un niño
rompió el silencio
de la noche desnuda.

Con el amanecer del alba
los saltamontes cantaron
al unísono
de los pasos lentos.

Corriendo
sobre la ciudad de cemento
apresuré mi existencia
entre el conocimiento
y la sabiduría.

Mas
la inmadurez y la soberbia
detuvieron como paredes invisibles
el galopar de mi inocencia.

Y caí
en un letargo
donde no cabían rosas
amores, ni razones.

El perdón de Dios
con su ejército de ángeles
vino en mi rescate
limpiando la mugre que corroe
y cercena el alma.

El hoy
desplazó el ayer
sepultándolo como un ataúd
sin regreso
y mi cuerpo, y mi espíritu
por fin me pertenecen.

NO TE VAYAS

No te vayas, que tus sentimientos
son como torrentes en cascada
que anulan mi razón y pensamiento
relegándome a la nada.

No te vayas, que tengo un sentimiento
de enloquecerme de tu sonrisa
la soledad es mi tormento
y en el tiempo se pierde mi risa.

No te vayas, que mi voz se me apaga
como luciérnaga en agonía
mi tristeza, se revela y calma
cuando te ríes con ironía.

No te vayas, que tu aliento es mi aliento
tu partida, es un presagio de amor
que aviva mi resentimiento
no te vayas, …alivia mi dolor.

TU AMOR

Tu amor me tiene alegre el pensamiento
y en lontananza me llena la esperanza,
y al evocarte siempre, es un sentimiento
que me alimenta raudo y me alcanza.

Así mi amor crece día a día
sin los pesares de errores pasados,
bendito sea Dios, que nos envía
luz de esperanza, cántico anhelado.

Ayer incierto, se perdía el alma mía
del tormento que llovía y moja,
mas tu bondad disipó mi tristeza.

Hoy todo es bello y sin congoja
puedo decirte con mirada fría
que tu amor es esencia que embelesa.

¡QUIÉN SI NO YO!

¡Quién si no yo!, para decirte que
eres ola de mar en silenciosa calma,
y que mi sed de amarte la forjé
cuando entregué mi amor a tu alma.

¡Quién si no yo!, para abrazarte
con ansias de amor que brota y borbota,
y que mis labios tiemblan al besarte
al conjuro mágico de tu boca.

¡Quién si no yo!, para animarte
a caminar juntos por tantos años,
y que mi ser se desviva para amarte
en el arco iris de tus manos.

¡Quién si no yo!, sólo ámame
que mis sollozos se perdieron, fácil,
en la mudez oculta de tus lágrimas
y en el rubor de tus mejillas, casi.

¡Quién si no yo!, sólo siénteme
en el temblor ignorado de mi existencia,
tu amor es mi tributo que me consciente
y en mi sangre te llevo,... con tu esencia.

ASÍ YO SOY

Soy como el viento que sopla en las noches
invitándolos a masticar el frío
la luna en su inmensidad y sin derroche
acompaña mi silencio sombrío.

Soy como las tardes bañadas de luces
caluroso y muchas veces evasivo
mi mente se vuelca y se traduce
en delatar la maldad de los oprimidos.

Soy el silencio y la soledad que otorga
callar las injusticias y los desafueros
mas mi cordura y mi reflexión moran
en la libertad, la justicia y en lo que creo.

Soy amigo del renacer del alba
y del grito de un estómago vacío
la esperanza en el altruismo… calman
el clamor desesperado y yo sonrío.

Soy enemigo del mal y los rencores
y mi canto es de misericordia,…voy
por senderos de amor y sin temores
mi cuerpo y mi alma son de paz…así yo soy.

POEMAS APASIONADOS,
SU PASEO ES POR
CAMINOS DE DELICIAS,
SABOREANDO LO
ALEGRE DE LA VIDA,
PERO TAMBIÉN
DE ESPINAS EN
CORAZONES HERIDOS

MOMENTOS MÁGICOS

Hoy de colores se pintó tu nombre
y en la arena dejó tus huellas el viento
tu lucha es persistente y un sobre
liberó tu corazón…contento.

Así es como tu ser llega y atesora
los sentimientos del bien soñado
en la ribera de tus ojos la aurora
tiende su puente de amor anhelado.

Yo te veo lúcida y también en sueños
e imagino tu piel anhelante
tus labios son como pétalos de ensueños
que invitan a poseerlos al instante.

Ni que se diga en tu cuerpo se desboca
el ritmo acariciante de un cántico
así son mis sueños que humedecen mi boca
y me despiertan…es un momento mágico.

LABIOS DE MUJER

Labios de mujer, son perlas carnosas que me llenan
con sus mieles en mis labios que desboca,
llegan silenciosas y picosas me lanzan
sus dardos de amor que se posan en mi boca.

Labios de mujer, son jardines en lontananza
que despiertan en mi mente la pasión,
son sensibles y sensuales me alcanzan
con sus pétalos de rosas plasmados en canción

Labios de mujer son vida con cuerpos gemelos
con su piel se juntan y me saludan,
en sus redes caigo y accesible,...llego
al convite de su cuerpo, sin ninguna duda.

Labios de mujer, rompen la quietud y me estremecen
marcan los límites de un panal que endulza,
los saboreo y me zambullo cuando vienen
su posesión me motiva y me impulsan.

Labios de mujer, son la ternura que añoro
su olvido duele y me lastima,
sin recato,...con mis pensamientos solo
los espero, con sus besos que me animan.

LIBERTAD DE AMAR

Tu justificas mi existencia, lo sabes
porque te lo he dicho a través del tiempo,
tu amor incondicional es la llave
que abrió un te quiero y lo consiento.

Libremente te posaste con amor
por las libres praderas de mi cuerpo,
te insinuaste y te fundiste en tu calor
y me impregnaste las mieles de tus besos.

Solo vive quien besa con acierto
y no se vive sin amor,…se reconoce,
el amor que perdura por cierto
es alegría y dolor con sus goces.

Amándome se insinuó tu cuerpo
y es agua clara en fuente pura,
tu única libertad de amar la pierdo
cuando el adiós en tus labios perdura.

*Rosa Esperanza tu amor es inagotable y es la fuente donde
brota mi fuerza.*

TE AMO

Todo te lo he dicho mi vida
que mis voces no callaron mis versos,
que es por ti, que vi la luz que convida
a mirarte con amor aunque lejos.

No ha sido ni el tiempo, ni la distancia
el obstáculo para unir la esperanza,
al contrario, tu amor es la fragancia
del silencio que embriaga mis ansias.

Yo quisiera ser a veces agua de mar
para que puedas bañarte en mi fuente,
y confundir mis latidos al besar
tu presencia que me acompaña siempre.

Yo también a veces quisiera mucho más
unirme a los temblores de tu pecho,
endulzar todo el amor que me das
por los años como hoy,...con hechos.

Te amo y Dios te puso en mi camino
lo pedí cuando mi vida era calma,
la gloria de amarte es mi destino
y morir de amor en la luz de tu alma.

¡CÓMO QUISIERA!

¡Cómo quisiera no sentir tanto anhelo!
y detener tu rostro un tanto inquieto
así mi pecho descubrirá el hielo
y mi pesadumbre se aquietará...por cierto.

¡Cómo quisiera poder medir...un querer!
y descubrir la renuncia de un amor
si lo que antes amor cabía en tu ser
será ahora ilusión sepultada en un rincón.

¡Cómo quisiera desnudar el nudo!
que tus palabras convirtieron en huída
y con el no sentir en lo profundo
habrá reposo en mi alma...no cabe duda.

¡Cómo quisiera alumbrar mis sueños!
y encontrarme corriendo al albedrío
y solo con la lámpara del olvido
mi amor travieso será solo mío.

¡Cómo quisiera ignorar de qué modo!
mi amor coqueto brota y borbota
y si mis versos a la vuelta de un recodo
sepultarán mi musa o se agotan.

RECORDARÁS

Los días serán un sueño de recuerdos
y tu risueña sonrisa de oro y plata
derramará frescura en tu cuerpo
y olvidarás que hay amores que matan.

Tu cuerpo ya sin mis amorosos besos
paseará tu rítmica figura
donde no te alcanzarán mis versos
ni mis brazos que te dieron ternura.

¡Sí! tu misma olvidarás que un día
la luna nos envolvió con dulzura
y evocarás levemente que fuiste mía
con pasión desmedida y de fortuna.

Y escucharás en tu interior los versos
que se me escaparon de mi pluma
allí donde te colmé de besos
y traspasé las fronteras de la luna.

Besos, versos que no dijeron nada
para el retorno de la primavera
ritmo, música, voces cansadas
palabras muertas transitan por la vera.

Recordarás y te sentirás transida
y veras pasar el día sin sentido
recordando tu paseo por la vida
y la ilusión desmedida de lo vivido.

MUERE LA TARDE

Muere la tarde y mi yo te acaricia
a pesar que tu ser se vuelve un espejismo
que se diluye en la distancia, ...mas tu risa
rompe barreras de amor y dinamismo.

Muere la tarde y mis pasos te siguen
por las huellas invisibles que dejaste
son huellas de esperanza y solo dime,
que de mi piel, el amor te lo llevaste.

Muere la tarde y mi voz te llama
desesperado, ...soy un inconsciente
¿quién? puede dudar que mi cuerpo clama
el néctar de tus besos, ...que me aliente.

Muere la tarde y miles de cadenas
irrumpen y se anudan en mi mente
mas recordar que tu alma es mi gemela
me asegura que mi amor, si lo sientes.

SOLO HÁBLAME

Pequeña…no pienses que la vida
mutilará los dones de tu gracia infantil,
en cambio se buena y convida
a vivir sin complicaciones tu presente,…sutil.

Así el alma exonera por amor
el alma del amigo y despierta
la gracia mística de tu propio fulgor
con luces de ternura y mano abierta.

Deja que se arome en silencio tu corazón
que se guíe bien y como quiera latir,
el tiempo no se detiene y la razón
no busca respuestas en el aire al partir.

Profunda es tu pasión y en tu mesura
se elimina tu ser impenetrable,
no intentes comprender, que es locura
si estás enamorada… solo háblame.

ONCE, ONCE

Son las once y tu corazón te dice,
todo al final ya se me pasará,
pienso, reflexiono y esto desdice
del amor que quema,…esa es tu verdad.

¡Quién fuese gorrión ¡… para cantarte
que envidio esa existencia pasajera,
y así no caminaré anhelante
ni dejaré huellas de un querer, en mi hoguera.

Ser amado es sentir que se supera
y sin egoísmo el alma se prende,
ser querido es fuego que el hombre espera
y en ese instante el corazón emprende.

Alma triste, el frío y el dolor es leña,
y el amor es como brisa extinguida,
impávido leo el adiós que desdeña
la semilla de un querer,…encendida.

Son las once y un nuevo camino
abre surcos en su caminar con lienzos
suena triste, mas el noble destino
aplacará mi dolor con el tiempo.

ME DUELE LA VIDA

Me duele la vida cuando mientes
y me ocasionaste un dolor cierto,
pienso que amarte fue en vano
y te dejo libre en tu camino incierto.

Incierto fueron tus pasos, y tus manos
hicieron que me acercara hacia ti,
tu presencia y tu mirada fueron de plano
un misterio y tu ser me llegó a mi.

Pero el tiempo,...camino verdadero
posó su voz en mi mente sana,
y me dijo, que tus besos y el te quiero
era una parodia para tus ganas.

Con esa verdad en mi corazón,...yo
le pido a la vida que te aleje siempre,
así mi corazón le pedirá a Dios
que yo te olvide y mi corazón no miente.

¡QUÉ QUEBRANTO!

En medio del velo, mis pensamientos
vuelan surcando lo más profundo,
pidiendo perdón por mi comportamiento
callado, lejano, de espalda al mundo.

¡Qué quebranto!, mas el perdón llega
como el sol con luz propia, ¡brillante!
deja huellas a su paso y pega
música de amor y paz, anhelante.

La misericordia desgrana perlas
y la semilla buena vuelve a renacer
como la lluvia que se duerme en la arena.

Ya con mi edad lo místico es luz que crece
y en su manto de amor,…la reflexión llena
y la redención es mi manantial,…amén.

CONTIGO, MANO A MANO

Contigo, mano a mano, veo y respondo
porque la noche llega y termina hoy,
no cabe duda tu amor es muy hondo
y cedo por tus manjares,…por eso voy.

Empieza tu partida, son tus cartas
las que responden a tu corazón,
¡piensa lo que será !, si no te hartas,
al convite te pierdes sin amor.

Procede y que la duda no te gane
porque así te inmolas, sin razón,
mis cartas las tiro y mi amor te sane
así resumo el querer,… con la pasión.

Contigo, mano a mano mil versos hay
que te dicen, "te extraño", en lontananza,
te equivocas sin duda no soy material
no te hagas daño, tu amor, si me alcanza.

VOY REMANDO

Voy remando sobre un mar de ilusiones
atesorando mi ilusión helada
y entre el llanto, lloran viejos crespones
golpeando mi corazón,…en la nada.

La noche azul me recuerdan tus besos
siento cansancio es hora de aceptar,
el hastío se apodera y mis versos
son prisioneros del viento y del mar

Voy remando entre sombras, ¡es la vida!
¡qué terrible es vivir en el vacío
arrastrando una pena secreta!

Miro hacia el cielo y Él me convida
que la esperanza y la fe nos aquieta,
su palabra, es paz sobre un mar de hastío.

PARA AMARTE SOLO CIERRO LOS OJOS

Para amarte solo cierro los ojos
y dejo que tu piel despierte mi piel,
toco tus manos, sudo y recojo
la suavidad con que endulza tu miel.

Absorbo tu juventud de primavera
y junto tus labios a mi boca,
tus besos, tus palabras sin espera
es insólita lujuria que desboca.

Te quiero y poso sobre tu pecho
con rubor mis labios y me abandono
es una sensación que llena mi lecho
y navego sin rumbo y sin retorno.

Para amarte solo cierro los ojos
y dejo que me invada tu cuerpo,
inmóvil, al fin callado me recojo
y vivo mi sueño feliz,…sin tiempo.

MIS OJOS TE OBSERVAN

Mis ojos te observan y te miran,
como impactas y apasionas,
tu mirada es coqueta y lastima
con dardos de inocencia,… que emocionas

Mis ojos te observan y una brisa
de amabilidad contagia cuando hablas,
es tu aura que toca y sin prisa
fluye tu química que se dilata

Mis ojos te observan y me digo
que tienes carisma y es un don,
tu ayuda al prójimo, crece como el trigo
sin esperar recompensa con amor

Mis ojos te observan y tus ojos
son deleite a mi cuerpo estremecido,
su mirar me atrapa y como un loco
mi corazón palpita encendido

SOLO DEJA QUE TE AME

Solo deja que te ame y mi razón
se pierda en lo infinito del tiempo
tu cuerpo me motiva y una pasión
alimenta mi alma con su aliento.

Solo deja que te ame y que mi mente
busque tu nombre en el abecedario
perdido en la distancia, soy un demente
y la nostalgia se me apodera, soy humano.

Solo deja que te ame y que mi piel
se funda en los poros de tu cuerpo
ese cuerpo sudoroso, sabe a miel
me apasiona y me deleita por cierto.

Solo deja que te ame y que mi boca
atrape tu lengua y tu sonrisa
así mis labios en tu ser se desboca
como una brizna apacible y sin prisa.

Solo deja que te ame y que mis manos
recorran tu pecho y mis ojos te llamen
con esa mirada, mi alma de plano
se silencia,…solo deja que te ame.

POEMA TERMINADO

Hoy estás aquí rompiendo mi sueño
y tus besos me dicen te quiero,
yo los percibo y me siento tu dueño
mas sé que te irás y ya no te espero.

Ya no te espero porque serás un recuerdo
que se perderá en sueño tras sueño,
te extrañaré y mis voces,…el te quiero
lo guardaré en un cofre pequeño.

Compartirás tus abrazos y tus besos
y olvidarás que un día fuiste mía
yo por mi parte olvidaré que mis versos
fueron la panacea cuando me sonreías.

Estos versos son de un adiós con amor
como la brisa coqueteando al tiempo,
terminar este poema es don de Dios
y me impulsa a decirte lo que siento.

SOLO MIS VERSOS... TE DEJO

Todo me da igual me lo dices
increíble, tus palabras son una felonía
pienso...y en tu voz se percibe
la duda que te quema día a día.

Cada día la indecisión duele
y como hojas de un árbol se marchita,
huir del amor a veces no se puede
y en el silencio el corazón palpita.

Todo me da igual es frase que suena
y se desliza en picada en su intento,
el amor se marchita y en la espera
el te quiero lo desecha todo, en su tiempo.

No esperes que el tiempo te hable
del olvido que tus ojos ven en tu espejo
y si al mirarte sonríes y deseable
no me encontrarás, solo mis versos...te dejo.

EL ADIOS NEGRO VIENTO

¿De dónde? forjaste negro viento
el adiós que hiciste salir de su boca
rompiendo el silencio y con sentimiento
el amor callado que otorga y se desboca.

¿Por qué? causaste que el adiós se pronunciara
entre pálidas letras en el tiempo
y la voz callada con fervor se levantara
y con pesar despertara resentimientos.

Si yo pudiera despertar el nido
que el adiós anegó entre sus hojas
y mis sueños fuesen paz con vino
para que mi cansancio salga de las sombras.

¿Por qué me evadiste?,... con tu adiós,
acaso te olvidaste de mis versos
y me dejaste sin la lira de tu pasión
que provocaron el amor con tus besos.

SED DE AMAR

Yo iba perdido sin límites
entre la imagen alegre de tus recuerdos,
y en tus labios soñados que poblaban de caricias
la soledad huérfana de mis pechos

Ligeras tus manos
reposaban a vuelos olvidados en mi piel
y sucumbía en la ternura huidiza
de mis ojos ya cansados por la espera

Volvía a mirarte y a contemplarte
con fuerza enternecedora
mas tu cuerpo emblemático
se escurría en la mentira de mis sueños

¿ Cómo contener mi impulso ?
si la corriente azul de tu ser
se paseaba en las ruinas de la distancia
y en el abismo inmensurable del tiempo

Sed de amar
es la ilusión clavada y perdida que reclama
la historia interrumpida de un amor
que no se repetirá jamás

FLUYE TU AMOR

Fluye de amor tu inédita ternura
y dulcemente me llegan tus besos
mi espacio se achica y veo en la penumbra
tu rostro que inspira mis voces con versos.

Vienes a mi, te acercas sin anunciarte
no tiemblas y te veo en mis pupilas
mis labios se secan, deseo abrazarte
con leve rubor yo,… tú no vacilas.

Yo quisiera salvar esa distancia
ese abismo de palabras que divide
y unir mis latidos llenos de ansias
y beber la gloria que tu ser despide.

Fluye tu amor y en tus brazos tienes
el calor que emana tu cuerpo ardiente
aspiro y en un soplo tu esencia viene
es un misterio, me queman las sienes.

EL TIEMPO Y YO

Todo termina al final dice el tiempo
con singular tesoro lo asienta
lo que es, no se distrae y con su cuerpo
mitiga tristezas y alegrías ciertas.

No se detiene solamente lo dice
lanza palabras lentas de resignación
balbucea recuerdos y predice
que en sus pasos el amor es también dolor.

Y cuando desea algo no solo piensa
sino que espera que le digan algo
que el invierno al final se apacienta
y me dice que yo la siga recordando.

Para llegar a ella, cómplice fue el tiempo
y así mismo el final llegará
con lo que pueda pasar no me cuento
porque en la noche o en el día me detendrá.

Así es la vida y voy donde me lleven
¡no sé cuando!... el tiempo espera. Lo sabe
Dios y me mira cuando llueve
y en su amor me lo encuentro y me cabe.

REIR, REIR

Reír, reír me aprisiona el llanto
y su estallido alimenta mi alegría,
la nostalgia se camufla con su encanto
disminuyendo tu ausencia, sombría.

Como un eco así escucho tu voz
y tu llamada me atrapa con su miel
es un sonido que destierra el dolor
sepultándolo al abismo con su hiel.

Reír, reír me alienta y me despierta
y me resuenan tus aplausos con amor,
tu voz es un susurro, tu presencia cierta
me canta sonetos de amor, en mi corazón.

Reír, reír, es incomparable tu atención
me motivas, me iluminas y dejo de sufrir,
si al escuchar tu mis versos arrullas mi pasión
me atraes con dulzura, …vivir es reír, reír.

QUISE LLEGAR A TI

Quise llegar a ti
sembrando sílabas de amor en tu memoria
y me acerqué a besos de bosques intensos,
con fogoso deseo sentí tus manos
y su calor tierno
alborotaron mi sangre en vano

Quise llegar a ti
alborotado como un adolescente
y senti zozobrar,
porque el tiempo y con la brisa
arrasaba tu nombre en la arena

! Qué infelicidad !
El te quiero es un frente de recuerdos
que se sostiene en la verdad del deseo
tristezas fugitivas
se escapan mas allá de la vida,
voces que no se escuchan
verdad ignorada,... es proclama vaga

Quise llegar a ti
y sonrío de las palabras inocentes
que repentinas ruborizan mi rostro,
mundo de fascinación es el sello de tu esencia,
vida luminosa se contrae en las sombras,
alegría, hastío, ahora son terribles palabras
que adornan un te quiero
y eso,.....no basta

SER POETA ES MI DESTINO

Ser poeta es mi destino, por eso
la fe en Cristo Jesús se me multiplica
y al vibrar mis palabras, don de versos
me dicen de tu amor cuando me lo quitas.

Mis versos son sensibles a mi angustia
pero en la espera hay rumor de poesía
ocultos vericuetos de palabras mustias
me recuerdan tu calor cuando te rendías.

¿Qué razones quedan para la soledad?
quedan tus labios vivos y tu sonrisa,
queda la inocencia de un niño, sin maldad
y la noche que inspira,… cálida brisa.

Queda la alegría de soñar y vivir
queda la humildad del perdón, por cierto
queda la razón del diario convivir
y mi fe en Dios, Jesús es mi alimento.

BIBLIOGRAFÍA

Luis Enrique Preciado Llerena nació en la ciudad de Guayaquil-Ecuador en 1950. Desde su adolescencia se apasionó por lectura, es así que en su país natal participó en 1967 en el Primer Festival Vicentino de las Letras, en la cual intervinieron varios estudiantes de los colegios de la localidad. *Luis Poeta,* como así lo llaman, recibe por primera vez a su corta edad la mención de honor en Relato "Los dones del destino".

Se graduó en 1969 de Contador y luego en 1980 de Ingeniero Comercial en la Universidad Estatal de Guayaquil. Ejerció su profesión en áreas contables y financieras, principalmente en industrias, durante 28 años. Desde 1985 a 1988 ejerció las cátedras de contabilidad de costos, contabilidad general y análisis financiero en la Universidad Católica de Guayaquil.

Entre sus obras literarias están:

✓ Año 2000. Honorable Mención. Poesía "Latino Soy". Famous Poets Society- USA.

✓ Año 2002. Honorable Mención. Poesía "Una Cruz de amor". Famous Poets Society. USA.

✓ Año 2004. Mención de Honor. Relato. "Camino de la Fe y de la Esperanza". IV Encuentro Literario de la Asociación Latinoamericana de Cultura. ALAC-USA.

✓ Año 2005. Mención Honrosa. Relato "El Brindis". V Encuentro Literario de la Asociación Latinoamericana de Cultura. ALAC-USA.

✓ Año 2005. Mención Honrosa. Poesía "Interrogación del dolor". V Encuentro Literario de la Asociación Latinoamericana de Cultura. ALAC-USA.

✓ Ejerció el año 2008 como miembro del "Grupo Trenza Cultural" del Comité en Unión para Salvadoreños (CEUS), en el Programa de Arte y Cultura.

✓ Año 2010. Honorable Mención – Certificado de Excelencia. Poesía "Nacimos libres sin fronteras". Famous Poets Society- USA.

Poemas publicados:

✓ Año 2001. Latino soy. Antología. A Poetic Odyssey.

✓ Año 2005. Mis cadenas. The popular news. Asociación Latinoamericana de Cultura. ALAC-USA.

✓ Año Diciembre/2005. Hombre de todos los siglos. Antología. Sentimientos Encontrados.

✓ Año Mayo/2005. Mujer madre. Revista Nuestra Comunidad de Dover NJ.

✓ Año 2004. Varios poemas como: Yo estoy contigo -Una Cruz de amor -El, es Dios

-Solo Dios Sabe.-El ABC de tu Amor, y otros fueron publicados en la revista Alma Misionera-Ecuador.

Año Diciembre/ 2008. Quien con amor. Periódico El Universal

Año Febrero/ 2012. Tengo una Carta para Ti, mi Señor. Periódico New Jersey Católico de la Arquidiócesis de Newark

Año Septiembre/ 2013. Mi corazón, Mi Alma en tu Barca, Señor. Periódico New Jersey Católico De la Arquidiócesis de Newark

Relato publicado:

✓ Año Julio/2006. Corre Flaco Corre. Antología de Letras Latinas Galo Publishing Group New York.

Relatos Inéditos : El Brindis -Ecuatoriano Latinos Somos -Camino de la Fe y de la Esperanza -La revista -La Dama de Rosa – Cuba y la Chichi, y otros más.

Micro relatos inéditos: Más Allá del Arcoíris -¿Qué es el Amor? -Así me lo Contaron- Un Hombre

Poemas Inéditos:

Todos los poemas impresos en esta obra son de su autoría. Entre otras poemas escritos tiene: Amor Prohibido – Es la Una –Madre, Dama y Mujer –No es locura –A Pesar de tanto Amor –Voz desconocida –Tarde para no creer –No me crees –Hoy no estás Aquí, y muchos más.